审计案例分析

吴可夫　著

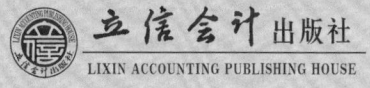

立信会计出版社
LIXIN ACCOUNTING PUBLISHING HOUSE

内 容 提 要

本书包括了审计业务承接前期调查、审计业务约定书、审计计划、业务循环审计、内部控制审计、审计报告的审计工作全过程，以及集团财务报表审计、审计师法律责任和互联网企业审计等特殊内容。相比已有审计案例研究的著作，本书涵盖面更全、视角更新。

图书在版编目(CIP)数据

审计案例分析 / 吴可夫著. —上海：立信会计出版社，2022.8(2024.8 重印)
ISBN 978-7-5429-7137-1

Ⅰ. ①审… Ⅱ. ①吴… Ⅲ. ①审计-案例-分析
Ⅳ. ①F239

中国版本图书馆 CIP 数据核字(2022)第 144150 号

策划编辑　　王斯龙
责任编辑　　王斯龙

审计案例分析

SHENJI ANLI FENXI

出版发行	立信会计出版社		
地　　址	上海市中山西路 2230 号	邮政编码	200235
电　　话	(021)64411389	传　　真	(021)64411325
网　　址	www.lixinaph.com	电子邮箱	lixinaph2019@126.com
网上书店	http://lixin.jd.com		http://lxkjcbs.tmall.com
经　　销	各地新华书店		
印　　刷	江苏凤凰数码印务有限公司		
开　　本	787 毫米×1092 毫米　　1/16		
印　　张	13.75		
字　　数	309 千字		
版　　次	2022 年 8 月第 1 版		
印　　次	2024 年 8 月第 3 次		
书　　号	ISBN 978-7-5429-7137-1/F		
定　　价	59.00 元		

如有印订差错，请与本社联系调换

前　言

　　本书是云南省专业学位研究生优质课程和教学案例库建设项目成果之一。

　　随着我国经济的发展及审计全覆盖的推进,审计项目和任务逐渐增多,审计失败案例也时有发生。审计失败除了审计师自身的问题外,主要是财务报告舞弊或财务欺诈所致。财务报告舞弊和财务欺诈不仅危及资本市场的正常运作与资源优化配置,也影响了投资者对会计信息、注册会计师行业的公信力乃至整个社会信用体系的信心和信任,侵蚀了市场经济投资秩序的基础。在经济转型阶段的中国,证券市场具有"新兴＋转型"的特点,财务报告舞弊和审计失败产生的原因、形成机制和表现具有一定的特殊性,研究这些问题有利于构建经济转型阶段审计失败的理论分析框架,把握审计失败的规律。这对于促进注册会计师行业发展,提高公司治理和证券市场监管具有重要的理论和实践意义。

　　笔者从事审计教学工作多年,发现已有审计案例著作中展现的诸多错误或遗漏的会计和审计处理,存在明显的人为设计痕迹。案例分析的重点在于补偏救弊,一个"埋雷",一个"挖雷",从中体现某个审计程序的关键点。本书在遵循系统性和审计流程要求的基础上,尝试用开放式作业开展研究型学习,即只给出案例分析目标、主要审计内容提示和部分审计工作底稿,要求案例分析者自行研究案例并展开分析,以便形成个性化的案例分析报告。

　　本书以审计工作流程为主线,对审计基本理论作了梳理,要求学习者运用理论知识分析审计案例。本书提供了案例分析目标、案例分析中涉及的主要审计准则、案例分析提示以及案例分析后的延伸思考;增补了商誉减值审计、公允价值计量和披露审计、互联网企业审计、沟通关键审计事项等内容。

　　本书在编写中得到了张逸、陆序怀、罗小青等实务界专家的大力协助和支持,在此表示感谢。本书的出版获得了云南民族大学的资助,在此一并感谢!

　　由于笔者水平有限,加上时间仓促,本书如有缺陷和不足,恳请广大读者批评指正,以便在以后的版本中进一步修订完善。

吴可夫

2022 年 3 月

目　录

案例一　会计师事务所业务承接前期调查

一、案例分析目标

会计师事务所对新客户和准备续约的客户都要进行前期调查。通过前期调查，会计师事务所和注册会计师可以在接受委托前对客户的基本情况有一个初步了解，进而判断客户的可审性、注册会计师是否具备足够的专业胜任能力和可能面临的执业风险。因此，前期调查是审计风险控制的第一步。

通过本案例，读者应了解前期调查的主要工作内容和侧重点，熟悉工作流程，掌握各种审计工作底稿的编制程序和方法，能够作出特定案例的可审性评价。

二、案例分析中涉及的主要审计准则

（1）《中国注册会计师审计准则第 1101 号——注册会计师的总体目标和审计工作的基本要求》。

（2）《中国注册会计师审计准则第 1121 号——对财务报表审计实施的质量控制》。

（3）《中国注册会计师审计准则第 1211 号——通过了解被审计单位及其环境识别和评估重大错报风险》。

（4）《中国注册会计师审计准则第 1153 号——前任注册会计师和后任注册会计师的沟通》。

三、案例分析提示

前期调查工作主要包括以下几个方面：

（1）了解被审计单位的基本情况及投资状况，如所有权性质、主营业务、经营周期、行业状况、法律环境、监管要求、全资子公司、控股子公司等。

（2）查阅前任注册会计师的审计工作底稿，与前任注册会计师进行沟通，了解被审计单位管理层是否存在正直和诚信方面的问题，前任注册会计师与管理层在重大会计、审计等问题上存在的意见分歧，值得关注的内部控制缺陷等。

（3）了解被审计单位的内部控制,初步评价被审计单位在授权审批、实物管理、业绩评价、风险控制、信息沟通、内部审计、反舞弊机制等方面是否设计合理、运行有效。

（4）了解被审计单位的会计核算体系,如在坏账准备金计提、发出存货计价、资产减值、长期股权投资、金融资产计量、会计估计和会计政策变更等方面是否遵循企业会计准则的要求。

（5）对被审计单位的财务报表进行初步分析,了解报表数据之间的逻辑关系,查看是否存在财务指标的大幅或异常变动。

（6）巡视有关工作现场,如会计工作现场、仓库和车间之间原材料和产品出入库现场、基建工程建设和物资管理现场。

（7）关注被审计单位的重大事项,如更换主要会计师、律师和注册会计师,股权转让的数额和频率,关联交易,涉及重大诉讼,高管薪酬和高管变动,近期的主要投资项目和并购计划等。

四、案例资料

【资料1-1】

业务承接评价表,如表1-1所示。

表1-1　业务承接评价表

被审计单位：		索引号：	
编制人：		复核人：	
日期：		日期：	
1.客户法定名称（中/英文）			
2.客户地址			
联系人及电话：		传真：	
电子信箱：		网址：	
3.客户性质（国有/外商投资/民营/其他）			
4.客户所属行业、业务性质与主要业务			

（续表）

5. 最初接触途径

　（1）本所职工引荐

　（2）外部人员引荐

　（3）其他（详细说明）

6. 客户要求我们提供审计服务的目的以及出具审计报告的日期

7. 治理层及管理层关键人员（姓名与职位）

8. 主要财务人员（姓名与职位）

9. 主要股东及实际控制人的名称、地址、相互关系、主营业务及持股比例

10. 子公司的名称、地址、相互关系、主营业务及持股比例

11. 合营企业的名称、地址、相互关系、主营业务及持股比例

12. 联营企业的名称、地址、相互关系、主营业务及持股比例

13. 分公司名称、地址、主营业务

14. 客户主管税务机关

15. 客户法律顾问或委托律师（机构、经办人、联系方式）

16. 客户常年会计顾问（机构、经办人、联系方式）

（续表）

17. 前任注册会计师(机构、经办人、联系方式)，变更会计师事务所的原因，以及最近 3 年变更会计师事务所的频率

---

18. 根据对客户及其环境的了解，记录下列事项

(1) 客户的诚信

客户的经营性质；

客户主要股东、关键管理人员、关联方及治理层的身份和商业信誉；

客户主要股东、关键管理人员及治理层对内部控制环境和会计准则等的态度；

客户是否过分考虑将会计师事务所的收费维持在尽可能低的水平；

客户可能涉嫌洗钱或其他刑事犯罪行为的迹象；

审计工作范围受到不适当限制的迹象；

变更会计师事务所的原因；

关键管理人员是否更换频繁。

结论：

---

(2) 经营风险

行业内类似企业的经营业绩；

法律环境；

监管环境；

受国家宏观调控政策的影响程度；

是否涉及重大法律诉讼或调查；

是否计划或有可能进行合并或处置资产；

管理层是否倾向于异常或不必要的风险；

关键管理人员的薪酬是否基于客户的经营状况确定；

客户是否依赖主要客户或主要供应商；

管理层是否在达到财务目标或降低所得税方面承受不恰当的压力。

结论：

---

(3) 财务状况

现金流量或营运资金是否能够满足经营、债务偿付以及分发股利的需要；

是否存在对发行新债务和权益的重大需求；

贷款是否延期未清偿，或存在违反贷款协议条款的情况；

最近几年销售额、毛利率或收入是否存在恶化的趋势；

是否涉及重大关联方交易；

是否存在复杂的会计处理问题；

客户融资后，其财务比率是否恰好达到发行新债务或权益的最低要求；

是否使用衍生金融工具；

是否经常在年末或临近年末发生重大异常交易；

是否存在影响持续经营能力的因素。

结论：

（续表）

19. 确定审计的前提条件是否存在

　　被审计单位的性质（例如，被审计单位是商业企业还是非营利组织）；

　　编制财务报表的目的；

　　财务报表的性质（例如，财务报表是整套财务报表还是单一财务报表）；

　　法律法规是否规定了适用的财务报告编制基础；

　　是否按照适用的财务报告编制基础编制财务报表，并使其实现公允反映；

　　是否设计、执行和维护必要的内部控制；

　　是否向注册会计师提供必要的工作条件。

结论：

20. 根据本所目前的情况，考虑下列事项

　　是否拥有足够的具有必要素质和专业胜任能力的人员组建项目组；

　　是否能够在提交报告的最后期限内完成业务；

　　初步确定的项目组关键人员是否熟悉相关行业或业务对象；

　　初步确定的项目组关键人员是否了解相关监管要求或报告要求；

　　在需要时，是否能够得到专家的帮助；

　　是否具备符合标准和资格要求的项目质量控制复核人员；

　　预计审计收费和预计成本。

结论：

最终结论：

业务审批人意见：	
	签名：
风险管理负责人意见：	
	签名：

【资料1-2】

　　会计师事务所独立性评价表，如表1-2所示。

表 1-2 会计师事务所独立性评价表

被审计单位:		索引号:	
编制人:		复核人:	
日期:		日期:	

评价内容	评价事项	是(详细说明)	否
1. 经济利益	(1) 事务所在审计客户中拥有直接经济利益或重大间接经济利益		
	(2) 事务所在某实体中拥有直接经济利益或重大间接经济利益,该实体在审计客户中拥有控制性的权益,并且审计客户对该实体具有重要性		
	(3) 事务所在某一实体拥有经济利益,审计客户也在该实体拥有经济利益,事务所拥有的经济利益重大,并且审计客户能够对该实体施加重大影响		
	(4) 事务所在某一实体拥有经济利益,并且知悉审计客户的董事、高级管理人员或具有控制权的所有者也在该实体拥有经济利益		
2. 贷款和担保	(1) 事务所不按照正常的程序、条款和条件从银行或类似金融机构等审计客户取得贷款或担保		
	(2) 事务所按照正常的贷款程序、条款和条件,从银行或类似金融机构等审计客户取得贷款		
	(3) 事务所从不属于银行或类似金融机构的审计客户取得贷款或担保		
	(4) 事务所向审计客户提供贷款或担保		
3. 商业关系	(1) 事务所在与审计客户或其控股股东、董事、高级管理人员共同开办的企业中拥有经济利益		
	(2) 按照协议,将事务所的产品或服务与审计客户的产品或服务结合在一起,并以双方名义捆绑销售		
	(3) 按照协议,事务所销售或推广审计客户的产品或服务,或审计客户销售或推广事务所的产品或服务		
	(4) 事务所在某股东人数有限的实体中拥有经济利益,而审计客户或其董事、高级管理人员也在该实体拥有经济利益		
	(5) 事务所向审计客户购买商品或服务,且不按照正常的商业程序公平交易,或按正常的商业程序公平交易,但交易性质特殊或金额重大		

（续表）

评价内容	评价事项	是（详细说明）	否
4. 为审计客户提供非鉴证服务	（1）事务所承担审计客户的管理层职责		
	（2）事务所向审计客户提供编制会计记录和财务报表等服务		
	（3）事务所向审计客户提供评估服务		
	（4）事务所向审计客户提供某些税务服务，如基于编制会计记录的目的，为审计客户计算当期所得税或递延所得税负债（或资产）；向审计客户提供税务建议，且税务建议影响财务报表所反映的事项		
	（5）事务所向审计客户提供内部审计服务，并在执行财务报表审计时利用内部审计的工作，或在为审计客户提供内部审计服务时承担管理层职责		
	（6）事务所向审计客户提供有关信息技术系统的设计或操作服务，且信息技术系统构成财务报告内部控制的重要组成部分，或信息技术系统生成的信息对会计记录或被审计财务报表影响重大		
	（7）事务所向审计客户提供诉讼支持服务		
	（8）事务所在审计客户执行某项交易时向其提供法律服务，例如，提供合同起草、法律咨询、尽职调查和重组等服务		
	（9）事务所为审计客户提供人员招聘服务		
	（10）事务所为审计客户提供财务服务		
5. 收费	（1）事务所从某一审计客户收取的全部费用占其审计收费总额的比重很大		
	（2）事务所从某一审计客户收取的全部费用占某一合伙人从所有客户收取的费用总额比重很大，或占事务所某一分部收取的费用总额比重很大		
	（3）事务所连续2年从属于公众利益实体的审计客户及其关联实体收取全部费用占其所有客户收取的全部费用比重较大，超过15%		
	（4）审计客户长期未支付应付的审计费用，尤其是大部分费用在下一年度出具审计报告之前仍未支付		
	（5）事务所以直接或间接形式取得或有收费		
6. 礼品和款待	事务所接受审计客户的礼品或款待		

（续表）

评价内容	评价事项	是(详细说明)	否
7. 诉讼或诉讼威胁	事务所与审计客户发生诉讼或很可能发生诉讼		

最终结论：

职业道德监察部签字：	
日期：	

【资料 1-3】

项目组成员独立性评价表，如表 1-3 所示。

表 1-3　项目组成员独立性评价表

被审计单位：		索引号：	
编制人：		复核人：	
日期：		日期：	

评价内容	评价事项	是(详细说明)	否
1. 经济利益	(1) 项目组成员或其近亲属在审计客户中拥有直接经济利益或重大间接经济利益		
	(2) 项目组成员或其主要近亲属在某实体中拥有直接经济利益或重大间接经济利益,该实体在审计客户中拥有控制性的权益,并且审计客户对该实体具有重要性		
	(3) 当其他合伙人与执行审计业务的项目合伙人同处一个分部时,所在分部的其他合伙人或其主要近亲属在审计客户中拥有直接经济利益或重大间接经济利益		
	(4) 为审计客户提供非审计服务的其他合伙人或其主要近亲属、管理人员或其主要近亲属,在审计客户中拥有直接经济利益或重大间接经济利益		
	(5) 项目组成员或其主要近亲属在某一实体拥有经济利益,并且审计客户也在该实体拥有经济利益,项目组或其近亲属拥有的经济利益重大,并且审计客户能够对该实体施加重大影响		
	(6) 项目组成员或其主要近亲属在某一实体拥有经济利益,并且知悉审计客户的董事、高级管理人员或具有控制权的所有者也在该实体拥有经济利益		

（续表）

评价内容	评价事项	是（详细说明）	否
2. 贷款和担保	（1）项目组成员或其主要近亲属不按照正常的程序、条款和条件从银行或类似金融机构等审计客户取得贷款或担保		
	（2）项目组成员或其主要近亲属从不属于银行或类似金融机构的审计客户取得贷款，或由审计客户提供担保		
	（3）项目组成员或其主要近亲属向审计客户提供贷款或为其提供担保		
3. 商业关系	（1）项目组成员或其主要近亲属在与审计客户或其控股股东、董事、高级管理人员共同开办的企业中拥有经济利益		
	（2）项目组成员或其主要近亲属在某股东人数有限的实体中拥有经济利益，而审计客户或其董事、高级管理人员也在该实体拥有经济利益		
	（3）项目组成员或其主要近亲属向审计客户购买商品或服务，且不按照正常的商业程序公平交易，或按正常的商业程序公平交易，但交易性质特殊或金额重大		
4. 家庭和私人关系	（1）项目组成员的主要近亲属是审计客户的董事、高级管理人员或特定员工，或者在业务期间或财务报表涵盖的期间曾担任上述职务		
	（2）项目组成员的主要近亲属在审计客户中所处职位能够对客户的财务状况、经营成果和现金流量施加重大影响		
	（3）项目组成员的其他近亲属是审计客户的董事、高级管理人员或特定员工		
	（4）项目组成员与审计客户的员工存在密切关系，并且该员工是审计客户的董事、高级管理人员或特定员工		
	（5）事务所中审计项目组以外的合伙人或员工，与审计客户的董事、高级管理人员或特定员工之间存在家庭或私人关系		
5. 与审计客户发生雇佣关系	（1）项目组前任成员或事务所前任合伙人加入审计客户担任董事、高级管理人员或特定员工，并且与事务所仍保持重要交往		
	（2）项目组前任成员或会计师事务所前任合伙人加入审计客户担任董事、高级管理人员或特定员工，但前任成员或前任合伙人与事务所已经没有重要交往		
	（3）前任合伙人加入某一实体，而该实体随后成为事务所的审计客户		
	（4）项目组某一成员参与审计业务，且知道自己在未来某一时间将要或有可能加入审计客户		

（续表）

评价内容	评价事项	是（详细说明）	否
5. 与审计客户发生雇佣关系	（5）关键审计合伙人加入属于公众利益实体的审计客户担任董事、高级管理人员或特定员工		
	（6）前任高级合伙人加入属于公众利益实体的审计客户担任董事、高级管理人员或特定员工		
	（7）由于企业合并，前任关键审计合伙人担任属于公众利益实体的审计客户的董事、高级管理人员或特定员工		
6. 临时借出员工	向审计客户借出员工		
7. 项目组成员最近曾担任审计客户的董事、高级管理人员和特定员工	（1）项目组成员在财务报表涵盖的期间内曾担任审计客户的董事、高级管理人员或特定员工		
	（2）项目组成员在财务报表涵盖的期间以前曾担任审计客户的董事、高级管理人员或特定员工		
8. 兼任审计客户的董事或高级管理人员	合伙人或员工兼任审计客户的董事、高级管理人员或公司秘书		
9. 与审计客户长期存在业务关系	（1）长期委派同一名合伙人或高级员工执行某一客户的审计业务		
	（2）如果审计客户属于公众利益实体，执行其审计业务的关键审计合伙人任职时间不得超过5年		
	（3）审计项目组的其他合伙人与属于公众利益实体的审计客户之间长期存在业务关系		
10. 为审计客户提供非鉴证服务	（1）在审计客户解决纠纷或法律诉讼时，事务所人员担任辩护人		
	（2）事务所的合伙人或员工担任审计客户首席法律顾问		
11. 薪酬和业绩评价政策	项目组成员或关键合伙人的薪酬或业绩评价与其向审计客户推销的非鉴证服务挂钩		
12. 礼品和款待	项目组成员接受审计客户的礼品或款待		
13. 诉讼或诉讼威胁	项目组成员与审计客户发生诉讼或很可能发生诉讼		

最终结论：

项目负责人或项目合伙人签字：

【资料 1-4】

委派项目负责人及项目组成员评价表,如表 1-4 所示。

表 1-4　委派项目负责人及项目组成员评价表

被审计单位:		索引号:		
编制人:		复核人:		
日期:		日期:		

一、对项目负责人的评价

姓名	职级	主要职责	主要工作业绩	索引号

考虑因素:

项　目	是/否/不适用	备注	索引号
(1) 是否具有执行类似性质和复杂程度的审计业务的知识和实务经验			
(2) 是否掌握职业准则和适用的法律法规的规定			
(3) 是否具有技术专长,包括信息技术以及会计或审计专业领域的专长			
(4) 是否熟悉客户所处的行业			
(5) 是否具有职业判断能力			
(6) 是否了解本所质量控制政策和程序			
(7) 是否具有很强的项目管理能力			
(8) 是否具有较强的领导力			
(9) 是否具有优秀的服务能力			
(10) 是否具有良好的沟通能力			
(11) 是否有足够的时间和精力履行项目负责人职责			
(12) 如为证券、期货及涉及公众利益的审计项目,项目负责人的服务期限是否符合本所相关规定			
(13) 是否遵守相关职业道德要求			

结论:

二、对项目经理的评价

姓名	职级	主要职责	主要工作业绩	索引号

考虑因素:

（续表）

项　目	是/否/不适用	备注	索引号
(1) 是否具有执行类似性质和复杂程度的审计业务的知识和实务经验			
(2) 是否掌握职业准则和适用的法律法规的规定			
(3) 是否具有技术专长,包括信息技术以及会计或审计专业领域的专长			
(4) 是否熟悉客户所处的行业			
(5) 是否具有职业判断能力			
(6) 是否了解本所质量控制政策和程序			
(7) 是否具有较强的项目管理能力			
(8) 是否具有较强的领导力			
(9) 是否具有优秀的服务能力			
(10) 是否具有良好的沟通能力			
(11) 是否有足够的时间和精力履行项目经理职责			
(12) 如为证券、期货及涉及公众利益的审计项目,项目经理的服务期限是否符合本所相关规定			
(13) 是否遵守相关职业道德要求			

结论：

三、对审计助理的评价

姓名	职级	主要职责	主要工作业绩	索引号

考虑因素：

（续表）

项　目	是/否	备注	索引号
（1）是否具有执行类似性质和复杂程度的审计业务的知识和实务经验			
（2）是否掌握职业准则和适用的法律法规的规定			
（3）是否具有技术专长,包括信息技术以及会计或审计专业领域的专长			
（4）是否熟悉客户所处的行业			
（5）是否具有职业判断能力			
（6）是否了解本所质量控制政策和程序			
（7）是否具有一定的项目管理能力			
（8）是否具有良好的沟通能力			
（9）是否有足够的时间和精力履行审计助理职责			
（10）是否遵守相关职业道德要求			
结论：			

四、对项目质量控制复核人员的评价(如适用)

姓名	职级	主要职责	主要工作业绩	索引号

考虑因素：

项　目	是/否	备注	索引号
（1）是否具有 3 年以上证券业务审计经验及部门经理以上职务			
（2）是否具有复核类似性质和复杂程度的审计业务的知识和实务经验			
（3）是否掌握职业准则和适用的法律法规的规定			
（4）是否具有技术专长,包括信息技术以及会计或审计专业领域的专长			
（5）是否熟悉客户所处的行业			
（6）是否具有职业判断能力			
（7）是否了解本所质量控制政策和程序			
（8）是否由项目负责人挑选			
（9）是否在复核期间以其他方式参与该业务			

（续表）

项　目	是/否	备注	索引号
（10）是否存在可能损害复核客观性的其他情形			
（11）是否具有良好的沟通能力			
（12）是否有足够的时间和精力履行项目质量控制复核职责			
（13）是否遵守相关职业道德要求			

结论：

最终结论：

主任会计师（或经授权副主任会计师）或风险管理及质量控制委员会主任	签字：　　　　　　　日期：

五、延伸思考

（1）对比新客户和续约客户前期调查的主要内容有何不同？

（2）接受委托前与接受委托后，前、现任注册会计师之间沟通的侧重点有何不同？

（3）在接受 IPO 审计委托方面，中国证监会出台了哪些相关制度？

（4）如何理解企业经营风险与审计风险之间的联系？

（5）应从哪些方面评价注册会计师的独立性和专业胜任能力？

案例二　审计计划、总体审计策略与重要性

一、案例分析目标

审计计划是对审计工作的预先规划,由审计项目负责人与项目组成员一起讨论制订,通常包括总体审计策略和具体审计计划两个部分。总体审计策略对审计范围、重点审计领域、审计时间进度和实施方式作出规划。通过制订和实施审计计划,审计项目组可以根据实际情况收集充分和适当的审计证据,合理安排审计时间,控制审计成本,对确保实现审计目标具有重要意义。

通过本案例分析,读者应了解制定总体审计策略和具体审计计划的主要工作内容和侧重点,熟悉工作流程,掌握各种审计工作底稿的编制程序和方法,能够针对特定案例确定重要性水平及评估审计风险。

二、案例分析中涉及的主要审计准则

(1)《中国注册会计师审计准则第 1111 号——就审计业务约定条款达成一致意见》。

(2)《中国注册会计师审计准则第 1121 号——对财务报表审计实施的质量控制》。

(3)《中国注册会计师审计准则第 1141 号——财务报表审计中与舞弊相关的责任》。

(4)《中国注册会计师审计准则第 1201 号——计划审计工作》。

(5)《中国注册会计师审计准则第 1211 号——通过了解被审计单位及其环境识别和评估重大错报风险》。

(6)《中国注册会计师审计准则第 1221 号——计划和执行审计工作时的重要性》。

(7)《中国注册会计师审计准则第 1231 号——针对评估的重大错报风险采取的应对措施》。

(8)《中国注册会计师审计准则第 1313 号——分析程序》。

(9)《中国注册会计师审计准则第 1511 号——比较信息:对应数据和比较财务报表》。

三、案例分析提示

总体审计策略主要包括以下几个方面:

（1）确定审计业务的特征，即从被审计单位的经营背景、业务性质、股权结构、人事政策和财务管理状况等方面作综合判断。

（2）确定审计业务的报告目标，即注册会计师接受委托进行审计的目标，如年度财务报表审计、拟上市首次发行股票审计或其他专项审计。

（3）重要会计问题及重点审计领域，即从重大错报风险的评估出发，结合被审计单位业务的复杂性和注册会计师的从业经验作综合判断。

（4）审计工作进度及时间、费用预算。

（5）审计项目组成员及分工。

（6）审计重要性及风险评估，即选择定性标准和定量标准，确定财务报表整体重要性水平和账户余额、特定类别的交易或披露多层次重要性水平。

（7）对专家的工作和内部审计工作的利用，即聘请在会计或审计以外的某一特定领域具有专长的个人或组织，协助注册会计师获取充分、适当的审计证据，或利用内部审计的工作成果，提高审计效率。

四、案例资料

【资料 2-1】

审计业务约定书，如表 2-1 所示。

表 2-1　审计业务约定书

甲方：A 股份有限公司 乙方：B 会计师事务所 　　甲方委托乙方对甲方 2021 年度会计报表进行审计，经双方协商达成以下约定。 　　一、委托目的及审计范围 　　1. 委托目的 　　甲方根据国家有关规定为向有关行政管理部门报告 2021 年度财务信息，委托乙方对甲方 2021 年度会计报表进行审计。乙方依据《中国注册会计师审计准则》对会计记录进行必要的抽查，并在乙方认为需要的时候实施其他必要的审计程序。在此基础上，对上述会计报表的合法性、公允性发表审计意见。 　　2. 审计范围 　　审计范围包括甲方 2021 年 12 月 31 日的资产负债表以及 2021 年度利润表。 　　二、甲方的责任与义务 　　1. 甲方的责任 　　（1）建立、健全内部控制制度。 　　（2）保护资产的安全完整。 　　2. 甲方的义务 　　（1）及时提供乙方为完成审计工作所需的全部会计资料及其他相关资料。 　　（2）为乙方委派的审计人员提供必要的工作条件及合作，具体事项将在乙方所派人员于工作开始之前提供的清单中列明。

（续表）

三、乙方的责任与义务

1. 乙方的责任

乙方按照审计准则的要求出具审计报告，保证审计报告的真实性、合法性。

2. 乙方的义务

乙方按照约定时间完成审计业务，出具审计报告。

(1) 对审计过程中知悉的商业秘密保密。

(2) 必要时出具管理建议书。

四、出具审计报告的时间要求

(1) 甲方应于本约定书签署后3日内，提供审计工作所需的全部资料。

(2) 乙方应于甲方提供全部资料后30个工作日内向甲方提交审计报告。

五、审计收费

按《×××收费规定》乙方应收本项业务费用，按乙方实际参加本项审计业务的工作人员级别以及所花费的工作时间确定，预计收取人民币××万元，甲方应在本约定书签订后预付上述费用的50%，其余部分在乙方提交审计报告时一并付清。

六、约定书的有效时间

本审计业务约定书一式两份，甲乙双方各执一份，具有同等法律效力。

本约定书自签订之日起生效，并在全部约定事项完成后失效。

七、约定事项的变更

由于出现不可预见的情况，影响审计工作的如期完成，或需提前出具审计报告，甲乙双方可变更约定的事项，但应及时通知对方，由双方协商解决。

八、违约责任

双方按照《中华人民共和国合同法》相关规定承担违约责任。

甲方:A 股份有限公司(盖章)	乙方:B 会计师事务所(盖章)
代表:(签字)	代表:(签字)
日期:	日期:

【资料 2-2】

初步业务活动程序表，如表 2-2 所示。

表 2-2 初步业务活动程序表

被审计单位:	索引号:
项目:初步业务活动程序表	财务报表截止日/期间:
编制人:	复核人:
日期:	日期:

一、注册会计师的目标
确定是否接受业务委托，如果接受业务委托，确保在计划审计工作时达到下列要求:
(1) 注册会计师已具备执行业务所需要的独立性和胜任能力
(2) 不存在因管理层诚信问题而影响注册会计师承接或保持该项业务意愿的事项
(3) 与被审计单位不存在对业务约定条款的误解

二、审计工作核对表

初步业务活动程序	索引号	执行人
1. 与被审计单位面谈，讨论下列事项：		
(1) 审计的目标与范围		
(2) 审计报告的用途		
(3) 管理层的责任，包括：①按照适用的财务报告编制基础编制财务报表，并使其实现公允反映（如适用）；②设计、执行和维护必要的内部控制，以使财务报表不存在由于舞弊或错误导致的重大错报；③向注册会计师提供必要的工作条件，包括允许注册会计师接触与编制财务报表相关的所有信息（如记录、文件和其他事项），向注册会计师提供审计所需的其他信息，允许注册会计师在获取审计证据时不受限制地接触其认为必要的内部人员和其他相关人员		
(4) 适用的财务报告编制基础		
(5) 计划和执行审计工作的安排，包括项目组的构成等		
(6) 拟出具审计报告的预期形式和内容，以及在特定情况下出具的审计报告可能不同于预期形式和内容的说明		
(7) 对审计涉及的被审计单位内部审计人员和其他员工工作的安排		
(8) 对利用其他注册会计师和专家工作的安排		
(9) 与前任注册会计师（如存在）沟通的安排		
(10) 收费的计算基础和收费安排		
2. 对首次接受审计委托的业务，在征得被审计单位书面同意后，与前任注册会计师沟通，并对沟通结果进行评价		
3. 初步了解被审计单位及其环境，或其发生的重大变化，并予以记录		
4. 评价是否具备执行该项审计业务所需要的独立性和能力		
5. 完成业务承接评价表或业务保持评价表		
6. 签订审计业务约定书（适用于首次接受业务委托，以及连续审计中修改长期审计业务约定书条款的情况）		

【资料 2-3】

了解被审计单位及其环境（不包括内部控制）调查表，如表 2-3 所示。

表 2-3　了解被审计单位及其环境（不包括内部控制）调查表

被审计单位：		索引号：	
财务报表截止日/期间：			
编制人：	日期：	复核人：	日期：

一、审计目标

通过了解被审计单位及其环境，识别和评估财务报表层次和认定层次的重大错报风险（无论该错报是舞弊还是错误导致的）

（续表）

二、行业状况、法律环境及监管环境以及其他外部因素

1. 实施的风险评估程序
(1) 向被审计单位销售总监询问主要产品、行业发展状况等信息
(2) 将被审计单位的关键业绩指标(销售毛利率、市场占有率等)与同行业中规模相近的企业进行比较

2. 了解的内容和评估出的风险
(1) 被审计单位的主要产品和所处行业
(2) 行业的总体发展趋势
(3) 行业处于哪一总体发展阶段(例如,起步、快速成长、成熟或衰退阶段)
(4) 市场需求、市场容量和价格竞争情况
(5) 行业上下游关系
(6) 被审计单位最重要的竞争者及其市场份额
(7) 被审计单位及其竞争者主要的竞争优势
(8) 行业是否受经济周期波动影响,以及采取了什么行动使波动的影响最小化
(9) 行业生产经营和销售是否受季节影响
(10) 行业的核心技术是什么,是否开发了新的技术
(11) 被审计单位在技术方面是否具有领先地位
(12) 行业产品平均价格、产量
(13) 被审计单位财务业绩与行业的平均水平及主要竞争者的比较
(14) 竞争者采取的行动
(15) 被审计单位适用的财务报告编制基础和行业特定惯例
(16) 对被审计单位经营活动产生重大影响的法律法规和直接的监管活动
(17) 被审计单位是否处于面临对其经营活动产生重大影响的检查
(18) 现行货币政策、财政政策、关税和贸易限制或税务法规对经营活动的影响
(19) 影响被审计单位所处行业和所从事经营活动的环保要求

三、被审计单位的性质、治理结构与经营情况

1. 实施的风险评估程序
(1) 向董事长等高管人员询问被审计单位所有权结构、治理结构、组织结构、近期主要投资、筹资情况
(2) 向销售人员询问相关市场信息,如主要客户和合同、付款条件、主要竞争者、定价政策、营销策略等
(3) 查阅组织结构图、治理结构图、公司章程,以及主要的销售、采购、投资、债务合同等
(4) 实地察看被审计单位的主要生产经营场所

2. 了解的内容和评估出的风险
(1) 所有权性质(是国有企业、外商投资企业、民营企业还是其他类型)
(2) 所有者和其他人员或单位的名称,以及与被审计单位之间的关系
(3) 董事会的构成和运作情况
(4) 董事会内部是否有独立董事,独立董事的人员构成
(5) 治理结构中是否设有审计委员会或监事会及其运作情况等
(6) 组织结构是否复杂,是否可能导致重大错报风险,包括财务报表合并、商誉减值、长期股权投资核算以及特殊目的实体核算等问题
(7) 收入来源和主要产品或服务及描述
(8) 主要客户和合同、付款条件、利润率、市场份额、竞争者、出口、定价政策、产品声誉、质量保证、营销策略和目标等
(9) 是否通过互联网销售产品,提供服务或从事营销活动
(10) 是否涉及跨地区经营和多种经营,各个地区和各行业分布的相对规模以及相互之间是否存在依赖关系
(11) 是否有被审计单位高度依赖的特定客户

（续表）

（12）是否有造成高回收性风险的若干客户或客户类别

（13）是否与某些客户订立了超出常规的销售条款或条件

（14）主要供应商名单，是否签订长期供应合同

（15）原材料供应的可靠性和稳定性

（16）原材料是否受重大价格变动的影响

（17）其研究与开发活动的开发支出占收入的比重

四、对会计政策的选择和运用

1. 实施的风险评估程序

（1）向财务总监询问被审计单位采用的主要会计政策、会计政策变更的情况、财务人员配备和构成情况等

（2）查阅被审计单位会计工作手册、操作指引等财务资料和内部报告

2. 了解的内容和评估出的风险

（1）被审计单位选择和运用的会计政策及评价，如发出存货成本的计量、长期股权投资的后续计量、固定资产的初始计量、无形资产的确定、非货币性资产交换的计量、收入的确认、借款费用的处理、合并政策等

（2）会计政策变更的情况

（3）对重大和异常交易的会计处理方法

（4）是否按照适用的财务报告编制基础对会计政策的选择和运用进行了恰当的披露

五、被审计单位的目标、战略以及相关经营风险

1. 实施的风险评估程序

（1）向董事长等高级管理人员询问被审计单位实施的或准备实施的目标和战略

（2）查阅被审计单位经营规划和其他文件

2. 了解的内容和评估出的风险

（1）被审计单位的目标和战略及制定情况

（2）是否开发新产品或提供新服务

（3）业务扩张中潜在的相关经营风险

（4）本期及未来的融资条件及潜在风险

（5）信息技术的运用及潜在风险

（6）实施战略的影响，特别是由此产生的需要运用新的会计要求的影响

（7）被审计单位的风险评估过程

六、结论

【资料 2-4】

舞弊风险因素评价表，如表 2-4 所示。

表 2-4　舞弊风险因素评价表

被审计单位：		索引号：	
财务报表截止日/期间：			
编制人：	日期：	复核人：	日期：

（续表）

内容	是否存在	说明
一、与编制虚假财务报告导致的错报相关的舞弊风险因素		
（一）动机或压力		
1. 财务稳定性或盈利能力受到经济环境、行业状况或被审计单位经营情况的威胁 （1）竞争激烈或市场饱和，且伴随着利润率的下降 （2）难以应对技术变革、产品过时、利率调整等因素的急剧变化 （3）客户需求大幅下降，所在行业或总体经济环境中经营失败的情况增多 （4）经营亏损使被审计单位可能破产、丧失抵押品赎回权或遭恶意收购 （5）在财务报表显示盈利或利润增长的情况下，经营活动产生的现金流量经常出现负数，或经营活动不能产生现金流入 （6）高速增长或具有异常的盈利能力，特别是在与同行业其他企业相比时 （7）新发布的会计准则、法律法规或监管要求		
2. 管理层为满足第三方要求或预期而承受过度压力 （1）投资分析师、机构投资者、重要债权人或其他外部人士对盈利能力或增长趋势存在预期（特别是过分激进的或不切实际的预期），包括管理层在过于乐观的新闻报道和年报信息中作出的预期 （2）需要进行额外的举债或权益融资以保持竞争力，包括为重大研发项目或资本性支出融资 （3）满足交易所的上市要求、偿债要求或其他债务合同要求的能力较弱 （4）报告较差的财务成果将对正在进行的重大交易（如企业合并或签订合同）产生可察觉的或实际的不利影响		
3. 管理层或治理层的个人财务状况受到被审计单位财务业绩的影响 （1）管理层和治理层在被审计单位中拥有重大经济利益 （2）管理层和治理层的报酬中有相当一部分（如奖金、股票期权、基于盈利能力的支付计划）取决于被审计单位能否实现激进的目标（如在股价、经营成果、财务状况或现金流量方面） （3）管理层和治理层个人为被审计单位的债务提供了担保 （4）管理层或经营者为实现治理层制定的财务目标（包括销售收入或盈利能力等激励目标）而承受过度压力		
（二）机会		
1. 被审计单位所在行业或其业务的性质为编制虚假财务报告提供了机会 （1）从事超出正常经营范围的重大关联方交易，或者与未审计或由其他会计师事务所审计的关联企业进行重大交易 （2）被审计单位具有强大的财务实力或能力，使其在特定行业中处于主导地位，能够对与供应商或客户签订的条款或条件作出强制规定，从而可能导致不适当或不公允的交易 （3）资产、负债、收入或费用建立在重大估计的基础上，这些估计涉及主观判断或不确定性，难以印证 （4）从事重大、异常或高度复杂的交易（特别是临近期末发生的复杂交易，对该交易是否按照"实质重于形式"原则进行处理存在疑问） （5）在经济环境及文化背景不同的国家或地区从事重大经营或重大跨境经营 （6）利用商业中介，而此项安排似乎不具有明确的商业理由 （7）在属于"避税天堂"的国家或地区开立重要银行账户或者设立子公司或分公司进行经营，而此类安排似乎不具有明确的商业理由		

（续表）

2. 对管理层的监督失效 (1) 管理层由一人或少数人控制(在非业主管理的实体中),且缺乏补偿性控制 (2) 治理层对财务报告过程和内部控制实施的监督无效		
3. 组织结构复杂或不稳定 (1) 难以确定对被审计单位持有控制性权益的组织或个人 (2) 组织结构过于复杂,存在异常的法律实体或管理层级 (3) 高级管理人员、法律顾问或治理层频繁更换		
4. 内部控制要素存在缺陷 (1) 对控制的监督不充分,包括自动化控制以及针对中期财务报告(如要求对外报告)的控制 (2) 由于会计人员、内部审计人员或信息技术人员不能胜任而频繁更换 (3) 会计系统和信息系统无效,包括内部控制存在值得关注的缺陷的情况		
（三）态度或借口		
1. 管理层未能有效地传递、执行、支持或贯彻被审计单位的价值观或道德标准,或传递了不适当的价值观或道德标准		
2. 非财务管理人员过度参与或过于关注会计政策的选择或重大会计估计的确定		
3. 被审计单位、高级管理人员或治理层存在违反证券法律或其他法律法规的历史记录,或由于舞弊、违反法律法规等而被指控		
4. 管理层过于关注保持或提高被审计单位的股票价格或利润趋势		
5. 管理层向分析师、债权人或其他第三方承诺实现激进的或不切实际的预期		
6. 管理层未能及时纠正发现的值得关注的内部控制缺陷		
7. 为了避税,管理层表现出有意通过使用不适当的方法使报告利润最小化		
8. 高级管理人员缺乏士气		
9. 业主兼经理未对个人事务与公司业务进行区分		
10. 股东人数有限的被审计单位股东之间存在争议		
11. 管理层总是试图基于重要性原则解释处于临界水平的或不适当的会计处理		
12. 管理层与现任或前任注册会计师之间的关系紧张 (1) 在会计、审计或报告事项上经常与现任或前任注册会计师产生争议 (2) 对注册会计师提出不合理的要求,如对完成审计工作或出具审计报告提出不合理的时间限制 (3) 对注册会计师接触某些人员、信息或与治理层进行有效沟通施加不适当的限制 (4) 管理层对注册会计师表现出盛气凌人的态度,特别是试图影响注册会计师的工作范围,或者影响对执行审计业务的人员或被咨询人员的选择和保持。		

（续表）

二、与侵占资产导致的错报相关的舞弊风险因素		
（一）动机或压力		
1.接触现金或其他易被侵占(通过盗窃)资产的管理层或员工负有个人债务,可能产生侵占这些资产的压力		
2.接触现金或其他易被盗窃资产的员工与被审计单位之间存在的紧张关系可能促使这些员工侵占资产 (1)已知或预期会发生裁员 (2)近期或预期员工报酬或福利计划会发生变动 (3)晋升、报酬或其他奖励与预期不符		
（二）机会		
1.资产的某些特性或特定情形可能增加其被侵占的可能性 (1)持有或处理大额现金 (2)体积小、价值高或需求较大的存货 (3)易于转手的资产,如无记名债券、钻石或计算机芯片 (4)体积小、易于销售或不易识别所有权归属的固定资产		
2.与资产相关的不恰当的内部控制可能增加资产被侵占的可能性 (1)职责分离或独立审核不充分 (2)对高级管理人员的支出(如差旅费及其他报销费用)的监督不足 (3)管理层对负责保管资产的员工的监管不足(如对保管处于偏远地区的资产的员工监管不足) (4)对接触资产的员工选聘不严格 (5)对资产的记录不充分 (6)对交易(如采购)的授权及批准制度不健全 (7)对现金、投资、存货或固定资产等的实物保管措施不充分 (8)未对资产作出完整、及时的核对调节 (9)未对交易作出及时、适当的记录(如销货退回未作冲销处理) (10)对处于关键控制岗位的员工未实行强制休假制度 (11)管理层对信息技术缺乏了解,从而使信息技术人员有机会侵占资产 (12)对自动生成的记录的访问控制(包括对计算机系统日志的控制和复核)不充分		
（三）态度或借口		
1.忽视监控或降低与侵占资产相关的风险的必要性		
2.忽视与侵占资产相关的内部控制,如凌驾于现有控制之上或未对已知的内部控制缺陷采取适当的补救措施		
3.被审计单位人员的行为表明其对被审计单位感到不满,或对被审计单位对待员工的态度感到不满		
4.被审计单位人员在行为或生活方式方面发生的变化可能表明资产已被侵占		
5.容忍小额盗窃资产的行为		
三、结论		

【资料 2-5】

识别和评估由于舞弊导致的重大错报风险审计程序，如表 2-5 所示。

表 2-5　识别和评估由于舞弊导致的重大错报风险审计程序

被审计单位：		索引号：	
财务报表截止日/期间：			
编制人：	日期：	复核人：	日期：

项目组讨论纪要及所得出的重要结论
会议时间：
会议地点：
与会人员：
讨论内容：

(1) 项目组成员认为财务报表易发生由舞弊导致的重大错报的方式和领域、管理层可能编制和隐瞒虚假财务报告的方式，以及侵占资产的方式等
(2) 可能表明管理层操纵利润的迹象，以及管理层可能采取的导致虚假财务报告的利润操纵手段
(3) 已知悉的对被审计单位产生影响的外部和内部因素，这些因素可能产生动机或压力使管理层或其他人员实施舞弊、可能提供实施舞弊的机会、可能表明存在为舞弊行为寻找借口的文化或环境
(4) 对接触现金或其他易被侵占资产的员工，管理层对其实施监督的情况
(5) 注意到的管理层或员工在行为或生活方式上出现的异常或无法解释的变化
(6) 强调整个审计过程中对由舞弊导致重大错报的可能性保持适当关注的重要性
(7) 遇到的哪些情形可能表明存在舞弊
(8) 如何在拟实施审计程序的性质、时间安排和范围中增加不可预见性
(9) 为应对由舞弊导致财务报表发生重大错报的可能性而选择实施的审计程序，以及特定类型的审计程序是否比其他审计程序更为有效
(10) 注册会计师注意到的舞弊指控
(11) 管理层凌驾于控制之上的风险

一、财务报表层次

二、认定层次

交易、账户余额和披露	相关认定

三、对收入确认存在舞弊风险的假定的考虑

四、如果认为收入确认存在舞弊风险的假定不适用，记录得出该结论的理由

【资料2-6】

风险评估结果汇总表,如表2-6所示。

表2-6　风险评估结果汇总表

被审计单位:　　　　　　　　　　　　　　　　　　　　　索引号:

财务报表截止日/期间:

编制人:　　　　　　　日　期:

复核人:　　　　　　　日　期:

编制说明:本工作底稿用于记录被审计单位及其环境中识别的重大错报风险及应对方案。

一、识别的重大错报风险汇总表

识别的重大错报风险	索引号	财务报表层次或认定层次	是否属于特别风险	是否属于仅通过实质性程序无法应对的重大错报风险	受影响的交易、账户余额和披露的认定

二、财务报表层次重大错报风险总体应对方案表

财务报表层次重大错报风险	索引号	总体应对措施

（续表）

三、特别风险结果汇总及应对措施表

序号	特别风险	是否由舞弊导致？如是，还需填写工作底稿索引号	管理层应对或控制措施	财务报表项目及认定	审计措施	向被审计单位报告的事项

四、对认定层次重大错报风险采取的进一步审计程序的总体审计方案（计划矩阵）

重要的交易、账户余额和披露	识别的重大错报风险							相关控制预期是否有效	了解控制索引号	总体审计方案				
	相关认定									总体方案	控制测试	控制测试索引号	实质性程序	实质性程序索引号
	存在和发生	完整性	权利和义务	计价和分摊	截止	分类	列报和披露							
采购与付款循环														
销售与收款循环														

【资料2-7】

未审报表分析，如表2-7所示。

表2-7　未审报表分析

被审计单位：

编制人：　　　　　　日期：　　　　　审计年度：　　　　　索引号：

复核人：　　　　　　日期：

项目	本年未审数	结构比率	上年审定数	结构比率	增减额	增减率	重点关注及分析说明
一、资产负债表							
……							
二、利润表							
……							

三、主要财务指标及行业关键指标

项目	本年未审数	上年审定数	增减率	重点关注及分析说明
资产负债率				
流动比率				
速动比率				
应收账款周转率				
存货周转率				
销售毛利率				
销售净利率				
净资产收益率				
每股收益				
每股净资产				

四、发现的重大错报风险

【资料2-8】

总体审计策略表,如表2-8所示。

表2-8　总体审计策略表

被审计单位:		索引号:	
财务报表截止日/期间:			
编制人:　　　　日期:		复核人:　　　　日期:	
一、审计范围			
1.适用的财务报告编制基础(包括是否需要将财务信息按照其他财务报告编制基础进行转换)			
2.适用的审计准则			
3.与财务报告相关的行业特别规定			
4.由组成部分注册会计师审计组成部分的范围			
二、审计时间安排			
(一)报告时间要求		时　间	
1.提交审计报告草稿			
2.签署正式审计报告			
3.公布已审计报表和审计报告			
……			
(二)执行审计工作的时间安排		时　间	
1.制定总体审计策略			
2.制定具体审计计划			
3.执行存货监盘			
……			
(三)沟通的时间安排		时　间	
1.与管理层的沟通			
2.项目组会议(包括预备会和总结会)			
3.与前任注册会计师沟通			
……			
三、影响审计业务的重要因素			
(一)确定的重要性水平		索引号	
1.财务报表整体的重要性			
2.特别类别的交易、账户余额或披露的一个或多个重要性水平(如适用)			

（续表）

3. 实际执行的重要性	
4. 明显微小错报临界值	
（二）可能存在较高重大错报风险的领域及索引号	
（三）识别重要组成部分及索引号	
（四）重要的交易、账户余额和披露及相关认定	索引号
1. 主营业务收入	
2. 研发支出	
3. 在建工程	
……	

四、项目组和复核人员安排

序号	姓名	职级	主要职责

五、其他

【资料 2-9】

重要性水平评估表，如表 2-9 所示。

表 2-9 重要性水平评估表

被审计单位：		索引号：	
财务报表截止日/期间：			
编制人：	日期：	复核人：	日期：

一、财务报表整体的重要性

报表整体重要性 水平基准指标	金额	百分比	重要性水平	实际执行 的重要性
	（1）	（2）	（3）=（1）×（2）	
总资产				
净资产				
主营业务收入				
净利润				
选择此计算方法的原因：				

二、特定类别的交易、账户余额或披露的重要性水平

是否存在特定类别的交易、账户余额或披露,其发生的错报金额虽然低于财务报表整体的重要性,但合理预期可能影响财务报表使用者依据财务报表作出的经济决策? 如是,完成以下内容。

特定类别的交易、账户余额或披露	报表整体重要性水平	百分比	较低的重要性水平	较低的实际执行的重要性水平	说明
	(1)	(2)	(3) = (1)×(2)		

计算所考虑的因素:

三、明显微小错报的临界值

财务报表整体的重要性	明显微小错报的临界值	说明
		取报表层面的5%确定

注:下列因素可能表明存在一个或多个特定类别的交易、账户余额或披露重要性水平,其发生的错报金额虽然低于财务报表整体的重要性,但合理预期将影响财务报表使用者依据财务报表作出的经济决策:

(1) 法律法规或适用的财务报告编制基础是否影响财务报表使用者对特定项目(如关联方交易、管理层和治理层的薪酬)计量或披露的预期。

(2) 与被审计单位所处行业相关的关键性披露。

(3) 财务报表使用者是否特别关注财务报表中单独披露的业务的特定方面。

五、延伸思考

(1) 表 2-1 中存在哪些需要完善的内容?

(2) 通过财务指标分析,变动较大的项目是否构成重点审计领域?

(3) 如何理解审计风险与重要性的关系?

(4) 内部控制的评估结果对重要性水平的确定有哪些影响?

(5) 财务报表层次重要性水平的确定需要考虑哪些因素?

案例三　内部控制有效性及其评价

一、案例分析目标

内部控制的发展经历了五个不同的阶段：内部牵制阶段、内部控制制度阶段、内部控制结构阶段、内部控制整体框架阶段、风险管理整体框架阶段。内部控制从早期较为简单的内部牵制逐渐演变为涉及组织结构、岗位职责、人员素质、业务处理程序和内部审计等比较严密的内部控制制度体系。尤其是在安然事件等财务欺诈案发生后，内部控制的研究侧重于寻求企业内部管理需要与外部市场监管要求之间的均衡，财务报告内部控制再次成为评估的对象和关注的焦点。内部控制有效性及其评价是指企业对内部控制设计与运行的有效性进行自我评价。

通过本案例分析，读者应了解内部控制评价的主要工作内容和侧重点，熟悉工作流程，掌握内部控制评价程序和方法，能够针对特定案例结合定性标准和定量标准区分内部控制缺陷。

二、案例分析中涉及的主要文告

(1)《企业内部控制应用指引》。

(2)《企业内部控制评价指引》。

(3)《企业内部控制审计指引》。

三、案例分析提示

内部控制评价的工作要求主要包括以下几个方面：

(1) 制订内部控制评价工作方案，即组成评价工作组，对评价范围、工作任务和进度、人员分工和经费预算进行规划。

(2) 内部控制的评价内容应当全面，包括所有内部控制要素。

(3) 内部控制评价工作组应当根据现场测试获取证据，运用个别访谈、专题讨论、实地查验、穿行测试等方法，如实编制工作底稿。

(4) 内部控制缺陷按其影响程度分为一般缺陷、重要缺陷和重大缺陷。

（5）内部控制评价工作组应当结合定性标准和定量标准区分内部控制缺陷。

（6）内部控制评价报告中应说明对内部控制缺陷的整改计划和整改情况。

四、案例资料

【资料3-1】

康美药业财务造假案

康美药业股份有限公司（以下简称康美药业）是 A 股著名的医药板块企业之一，截至 2018 年 5 月，康美药业市值一度达到 1200 多亿元。2018 年 12 月，康美药业因涉嫌信息披露违法违规被中国证券监督管理委员会（以下简称中国证监会）立案调查，2019 年 5 月 17 日，中国证监会在官网通报了康美药业案调查进展。康美药业披露的 2016—2018 年财务报告存在重大虚假，包括使用虚假银行单据虚增存款、通过伪造业务凭证进行收入造假、部分资金转入关联方账户用于买卖康美药业股票等。康美药业坐实财务造假后，这只曾经的白马股瞬间变成了黑天鹅，公司股价急速下跌，2019 年 5 月 31 日其市值缩水为 208 亿元。康美药业就接受中国证监会立案调查一事披露进展情况称，公司存在因立案调查事项被中国证监会予以行政处罚，且依据行政处罚决定认定的事实，触及相关规定的重大违法强制退市情形的风险。

公开资料显示，康美药业的大股东康美实业投资控股有限公司（以下简称康美实业）的实际控制人马兴田，任公司董事长兼总经理。其妻许冬瑾目前为康美药业第七大股东，持股 1.97%，任公司副董事长兼副总经理。除了康美实业和许冬瑾，康美药业还与多个股东为关联方，如持股 1.87%的普宁市金信典当行有限公司的控股股东为马兴田，与康美实业、许冬瑾存在关联关系；持股 1.87%的普宁市国际信息咨询服务有限公司的控股股东为许冬瑾，与康美实业、普宁市金信典当行有限公司存在关联关系；持股 1.4%的许燕君（马兴田岳母）也为关联方。

年报显示，康美药业的短期借款从 2015 年年底的 6.2 亿元增长至 2018 年的 115.77 亿元，资产负债率也从 50.56%升至 62.08%。2017 年和 2018 年，康美药业经营活动的净现金流量分别为 -48.4 亿元和 -31.92 亿元。背负高额负债且大部分债务期限较短，造成康美药业流动性风险较高。康美药业公告称，2017 年公司存货少计 195.46 亿元，按 2017 年和 2018 年调整后的数据计算的存货周转天数分别为 799 天、923 天。

康美药业原年度报告中 2017 年的营业收入为 264.76 亿元，更正后金额为 127.78 亿元；归属于上市公司股东的净利润调整前为 41 亿元，调整后为 21.49 亿元；2017 年经营活动的现金流调整前为 18 亿元，调整后为 -48.4 亿元。2016 年度经营活动产生的现金流调整前为 16 亿元，调整后为 -23.04 亿元。

资料来源：《基于康美药业内控失败的案例分析》，作者唐昆，发表于《现代商贸工业》2019 年第 26 期。（有删改）

【资料 3-2】

獐子岛关于扇贝抽测结果的公告

獐子岛集团股份有限公司(以下简称公司)于 2019 年 11 月 7 日启动了 2019 年秋季底播虾夷扇贝存量抽测活动。截至本公告日,相关抽测工作已全部结束。现将抽测情况公告如下。

一、抽测面积及点位结果

本次抽测涉及在养的 2017 年度底播虾夷扇贝面积 26 万亩、2018 年度底播虾夷扇贝面积 32.35 万亩,共计 58.35 万亩。公司按约 6 000 亩/点位均匀分布,共抽测点位 97 个,抽点面积 761.81 亩,其中 2017 年度底播虾夷扇贝 41 个点位,2018 年度底播虾夷扇贝 56 个点位。

二、抽测结果

通过对抽测数据的加总核算,计算出抽取点位的平均壳高、平均重量、平均亩产等数据,如表 3-1 所示。

表 3-1　扇贝抽测数据核算表

投苗年度	养殖面积(万亩)	抽点位(个)	抽点面积(亩)	产品重量(千克)	平均壳高(厘米)	平均重量(克)	平均亩产(千克)
合计	58.35	97	761.81	3 535.10			4.64
2017 年	26.00	41	240.85	1 362.80	8.40	91	5.66
2018 年	32.35	56	520.96	2 172.30	7.60	53	4.17

具体各区位抽测数据如表 3-2 所示。从各区位抽测数据看,2017 年度底播虾夷扇贝五个区位(不包含 11 月份正在采捕作业生产的 1 万亩区域)的平均亩产 5.66 千克,其中,最高区域亩产 12.64 千克,最低区域亩产为 0;2018 年度底播虾夷扇贝十个区位的平均亩产 4.17 千克,其中,最高区域亩产 44.33 千克,最低区域亩产 0.01 千克。

表 3-2　各区位抽测数据表

投苗年度	区位编号	抽点面积(亩)	产品重量(千克)	平均壳高(厘米)	平均重量(克)	平均亩产(千克)	说明
	合计	761.81	3 535.10			4.64	
2017 年	小计	240.85	1 362.80	8.4	91	5.66	
	11 区	88.38	713.60	8.2	86	8.07	计提跌价准备
	12 区	50.46	637.90	9.5	130	12.64	计提跌价准备
	13 区	14.33	0	0	0	0	全部死亡核销成本

（续表）

投苗年度	区位编号	抽点面积（亩）	产品重量（千克）	平均壳高（厘米）	平均重量（克）	平均亩产（千克）	说明
2017 年	14 区	43.20	11.30	7.4	60	0.26	核销成本
	15 区	44.48	0	0	0	0	全部死亡核销成本
2018 年	小计	520.96	2 172.30	7.60	53	4.17	
	1 区	76.68	88.50	7.60	58	1.15	核销成本
	2 区	51.12	0.40	7.70	57	0.01	核销成本
	3 区	25.56	22.50	7.70	55	0.88	核销成本
	4 区	19.76	92.00	8.00	52	4.66	核销成本
	5 区	19.76	19.50	7.70	51	0.99	核销成本
	6 区	188.86	631.40	7.8	52	3.34	核销成本
	7 区	92.30	208.00	7.7	56	2.25	核销成本
	8 区	9.88	89.00	7.4	48	9.01	计提跌价准备
	9 区	8.64	383.00	7.3	53	44.33	抽测亩产正常
	10 区	28.40	638.00	7.1	49	22.46	抽测亩产正常

三、本次抽测结果预计对公司 2019 年业绩的影响

根据抽测结果，目前在养的全部 58.35 万亩底播虾夷扇贝中，亩产过低、采捕变现价值不足以弥补采捕成本的海域面积 39.07 万亩，需核销存货成本 19 562.33 万元；亩产较低，需计提存货跌价准备区域的面积 13.90 万亩，预计计提存货跌价准备金额 8 205.89 万元；目前抽测亩产正常以及正在采捕作业海域面积 5.38 万亩。

预计核销存货成本及计提存货跌价准备合计金额 27 768.22 万元，约占截至 2019 年 10 月末上述底播虾夷扇贝账面价值 30 690.86 万元的 90.05%，对公司 2019 年经营业绩构成重大影响。

1. 预计存货成本核销的具体情况

预计存货成本核销情况，如表 3-3 所示。

表 3-3　预计存货成本核销

存货名称	面积（万亩）	账面价值（万元）	平均亩产（千克）	核销依据
合计	39.07	19 562.33	1.68	
2017 年底播虾夷扇贝	12.00	7 526.76	0.13	平均亩产过低，不足以弥补采捕成本
2018 年底播虾夷扇贝	27.07	12 035.57	2.37	平均亩产过低，不足以弥补采捕成本

2. 预计计提存货跌价准备的具体情况

预计计提存货跌价准备情况,如表 3-4 所示。

表 3-4　预计计提存货跌价准备

存货名称	面积 (万亩)	账面价值 (万元)	可变现净值 (万元)	跌价准备 (万元)	跌价准备依据
合计	13.90	8 554.09	348.20	8 205.89	
2017 年底播虾夷扇贝	13.00	8 153.99	343.96	7 810.03	可回收金额 低于账面价值
2018 年底播虾夷扇贝	0.90	400.10	4.24	395.86	可回收金额 低于账面价值

3. 本次核销成本与计提跌价准备的依据

根据抽测结果,公司对底播虾夷扇贝存货成本进行核销和计提跌价准备测算。其中,亩产过低区域经测算采捕销售收入不足以弥补采捕费等变动成本,对该部分海域存货成本进行核销处理;部分区域因亩产下降,对该部分海域存货进行可变现净值测算,如采捕销售收入低于账面成本和继续养殖费用及销售费用等预计费用的合计金额,对其可变现净值低于账面成本金额计提跌价准备。

公司本次核销底播虾夷扇贝海域抽测平均亩产分别为 2017 年 0.13 千克、2018 年 2.37 千克,低于上述测算的采捕销售收入与采捕费等变动成本收支平衡所需亩产水平 5.15 千克,因此拟对此部分存货成本进行核销处理。因目前公司海域底播虾夷扇贝非正常死亡情况可能还将持续,部分海域亩产水平尚存在不确定性,具体核销存货成本及计提存货跌价准备金额需根据 2020 年 1 月的年终底播虾夷扇贝盘点结果计算确定,最终金额以公司董事会、股东大会批准的结果为准。

四、公司当前应对举措及未来运营计划

(一)当前应对举措

1. 原因调查

公司已经提取了浮标及海底潜标等相关环境监测数据,水产专家到现场调取了水样及死亡贝样品,相关分析工作正在加紧进行中。公司已协同有关政府部门组织海洋专家和科研机构,尽快至海洋牧场现场进行勘查、进行扇贝自然死亡原因分析,并及时公告相关调查分析结果。

2. 信息披露

公司将积极做好信息披露工作,保证信息披露的内容真实、准确、完整,维护广大投资者的知情权。公司于 2019 年 11 月 11 日披露了《关于 2019 年秋季底播虾夷扇贝存量抽测的风险提示公告》,于 2019 年 11 月 13 日披露了《对深圳证券交易所〈关于对獐子岛集团股份有限公司的关注函〉的回复公告》,具体内容见该公司当日巨潮资讯网(http://

www.cninfo.com.cn)的公告。

3.过程公开

本次秋季抽测除了公司内部相关部门人员参加外,海洋专家及相关媒体记者也进行了现场参与,公开、透明地呈现实地抽测情况,部分媒体基于事实对公司此次抽测的相关情况进行了新闻报道。

4.银行融资

公司与主要贷款银行进行了平行沟通,邀请相关银行业务负责人进岛实地调研。目前,公司信贷稳定,经营稳定。

(二)未来运营计划

目前,公司主要业务构成为养殖业务、加工业务和贸易业务。近三年上述业务的收入及毛利情况如图3-1所示。

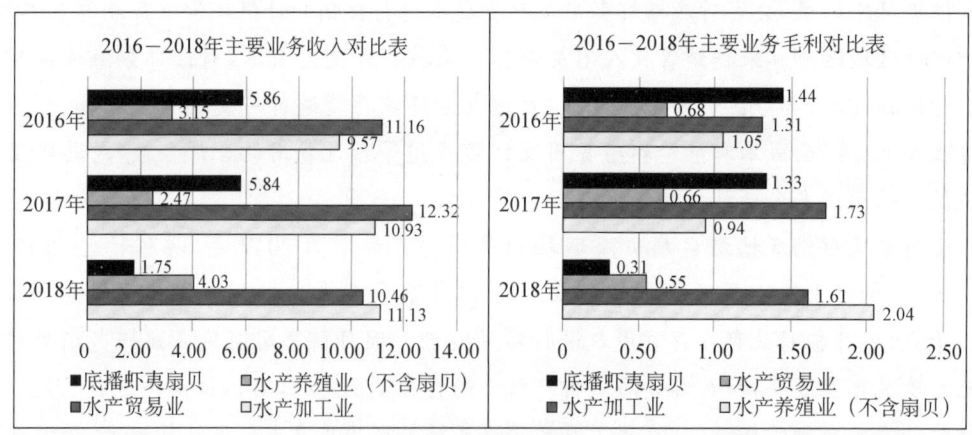

图3-1 近三年业务的收入及毛利情况(亿元)

从图3-1可以看出,近三年底播虾夷扇贝对公司整体收入及盈利能力的支撑逐渐下降,而其他品种产销量表现稳定。

为化解单一品种盈利能力波动产生的不利影响,公司不断提升加工类产品、贸易类产品、苗种类产品的盈利能力,持续优化公司整体盈利结构。在养殖板块,除了底播虾夷扇贝还有海螺、海参、鲍鱼、海胆等多元化的土著养殖品种。

截至2019年前三季度,公司苗种类产品收入8 490万元,同比增长6 629万元,增幅约356%;活海胆收入2 695万元,同比增长1 740万元,增幅约182%;牡蛎收入2 195万元,同比增长1 442万元,增幅约192%;海螺收入6 804万元,同比下降1 460万元,降幅约18%(因海螺采捕作业天数较同期减少所致);活鲍鱼收入11 704万元,较同期基本持平。休闲即食类产品收入7 052万元,同比增长1 537万元,增幅约28%;海参加工品收入13 378万元,同比增长810万元,增幅约6%。

基于上述运营情况分析,公司未来运营计划如下。

1. 进一步关闭海上敞口风险

公司规划自 2019 年底至 2020 年 6 月底,完成放弃海况相对复杂的海域或暂停部分适用海域约 150 万亩,根据海域使用相关规定,每年可节约用海成本约 7 000 万元。自 2020 年始,底播虾夷扇贝由规模发展阶段向中试探索阶段调整,以优化适合本地生态系统条件的虾夷扇贝新技术、新良种、新模式,每年中试虾夷扇贝约 10 万亩,基本规避底播虾夷扇贝增养殖风险。同时,探索海参等增殖品种以资源养护为主的模式,提升海参的资源可持续能力和品牌运营能力。

2. 加强土著品种养护的标准建设

公司将参照海洋管理委员会(Marine Stewardship Council,MSC)标准,建立海上藻场和海底森林等生态系统,实施配额管理的资源养护模式,巩固加强海参、海螺、海胆、鲍鱼等土著品种的资源培育,提高可持续盈利能力。在保持 2019 年正常养殖业务收入和利润水平的基础上,力争实现更高增长。

3. 扩大种与苗产业规模

公司将在三倍体牡蛎种与苗已在长江口以北沿海海域形成产业领导力的优势基础上,进一步加快提升在长江口以南沿海海域的产业贡献率,逐步建立三倍体牡蛎养殖示范区、育肥示范区,提高珍蚝品牌市场运营能力。同时,加快扇贝、鲍鱼等三倍体技术研究,为未来发展储备能量。

4. 深度运营阿穆尔鲟鱼产业

公司从 2011 年开始进入鲟鱼产业,目前公司参股的云南阿穆尔鲟鱼集团已掌握了全产业链的育养技术,完成了资源培育、加工技术、国外市场资质等功能建设,拥有蓄养存栏的多种鲟鱼产品。目前,阿穆尔品牌鱼子酱已出口欧洲、美国、日本、俄罗斯等多个国家和地区,培育的苗种占有较大市场份额。鲟鱼产业资源与市场的运营,成为公司 2020 年之后的重要产业。

5. 加快落地"瘦身计划"

公司将加快落地以下"瘦身计划":一是聚焦技术含量高的产业核心项目,加快处置与主业关联度低的、资金占用大的资产,回笼资金,偿还贷款,降低资产负债率;二是以回收投入和激活机制为目标,出让核心产业项目部分股权,提高公司综合投资回报率;三是优化组织架构,招录优秀人才,完善绩效机制,减少 20% 以上的管理费支出。

6. 扩大海洋食品业务

(1)进一步聚焦"獐子岛海参"食品。公司将加强品牌运营,整合国内外优质海参资源,推进线上与线下市场网络融合服务,建立城市或地区总代理机制,与经销商共同增长,保持海参业务逐年增长态势。

(2)放量运营"獐子岛休闲食品"。公司将释放獐子岛联合品牌能力,合作好国内零食连锁巨头运营平台;借力商超、便利、电商等渠道,做大"KOKO"系列休闲食品的市场份额,加速市场放量增长。

（3）加快"獐子岛味道"系列海洋食品市场建设。公司将释放国际合作伙伴和海外优质资源基地的能力,建立国内和国际市场的协同机制,做好"买"与"卖"。同时,以用户为中心,加强公司食品研发能力建设。

7. 降低财务费用

公司将主动与银行业协会、债委会、各银行合作,争取灾后重建资金支持政策和优惠利率支持,降低财务费用。

特此公告!

獐子岛集团股份有限公司董事会

2019 年 11 月 15 日

资料来源:深圳证券交易所官网。

【资料 3-3】

獐子岛对深交所《关注函》的回复

獐子岛集团股份有限公司(以下简称公司)于 2019 年 11 月 20 日收到深圳证券交易所《关于对獐子岛集团股份有限公司的关注函》(中小板关注函〔2019〕第 388 号,以下简称《关注函》),现就函中问题进行回复说明如下。

2019 年 11 月 20 日,你公司披露《对深圳证券交易所〈关于对獐子岛集团股份有限公司的关注函〉的回复》(以下简称《公告》)。我部对此高度关注,请你公司对以下事项作进一步说明:

第一,根据《公告》,专家在獐子岛虾夷扇贝底播养殖海域采用现场拖网随机抽检三个站位,统计现存成活和死亡虾夷扇贝,死亡率约为 75%、90% 和 50%。请补充说明本次抽测的情况,包括参与抽测专家的人数、所在单位;死亡率测算的方法、依据与测算过程。

回复:

2019 年 11 月 16 日,大连市农业农村局组织来自中国海洋大学、中国水产科学研究院黄海水产研究所、国家海洋环境监测中心、辽宁省海洋水产科学研究院、大连海洋大学的相关专家共七人,针对 2019 年 11 月初长海县底播虾夷扇贝大规模死亡灾害情况进行现场调查,召开专题会议听取了公司虾夷扇贝抽测过程及结果、海洋牧场环境相关数据等报告以及长海县其他养殖业户受灾情况报告,并进行了研讨。公司协助了现场调查的部分工作,对由专家和记者随机指定的站位进行现场采捕,并将采捕的扇贝样本提供给专家及相关媒体检验。在此过程中,对扇贝死亡率的测算方法为概数统计,即将打捞上来的底播虾夷扇贝按现存成活扇贝、死亡扇贝分拣并装入标准塑料箱,统计现存成活扇贝与死亡扇贝的比例,从而估算出死亡率。

第二,根据《公告》,从本次抽测数据来看,獐子岛北部及东北部海域平均亩产较低,部分区域基本全部死亡。请补充说明上述海域附近是否存在底播虾夷扇贝大面积死亡的情况。

回复:

根据本次抽测的具体区位位置及区块抽测底播虾夷扇贝亩产数据对比来看,獐子岛北部及东北部海域底播虾夷扇贝平均亩产较低,部分区域基本全部死亡。其中,2017年3个区位(13~15),平均亩产分别为0、0.26千克、0;2018年7个区位(1~7),平均亩产分别为1.15千克、0.01千克、0.88千克、4.66千克、0.99千克、3.34千克、2.25千克。上述区域因亩产过低,拟放弃采捕。

公司于2019年11月16日参加了由大连市农业农村局组织召开的专家研讨会,会上上述海域附近的长海县海洋岛镇区域底播虾夷扇贝养殖企业所做的情况汇报显示:这些企业的底播虾夷扇贝也于近期出现不同海域、不同程度的异常死亡现象,部分区域亦有死亡率超50%的情况。

第三,根据《公告》,你公司2019年前三季度海螺收入存在下降情形。请补充说明除底播虾夷扇贝以外其他品种的风险情况,近年是否受到自然灾害影响。

回复:

獐子岛海洋牧场中除底播虾夷扇贝外,还有刺参、香螺、皱纹盘鲍、海胆等土著品种,上述生物品种的海洋生长习性及养殖风险如下:

(1)刺参喜栖息于水深3~15米,水质澄清、水流平稳、无淡水注入、海藻丛生的岩礁或细泥沙底质水域海底,主要食物为硅藻类、褐藻类及含有机碎屑的泥沙。当水温达到20℃以上时,刺参有夏眠习性,一般认为成参的耐热上限是28℃,水温的急剧升高常常导致刺参出现吐脏、化皮等应激反应。当温度超过耐热上限时,刺参会由于机体复杂的生理反应而出现热致死现象。

(2)香螺和滤食性贝类(统称海螺)处于不同生态位。香螺为肉食性螺类,其体大肉肥、肉质细腻鲜美,具有较高的经济价值和营养价值。香螺为近岸贝类,多生活于泥沙质海底,幼虫可在潮间带岩礁区生活,栖息底质主要为泥质粉沙或粉砂质砂。栖息水深10~70米,其中20~30米处较集中。适温0℃~24℃,最适水温8℃~20℃。香螺栖息于盐度较高的海区,盐度30.0~33.5,最适盐度31.0~32.5。香螺繁殖量大,卵袋互相粘合形成玉米芯状的塔形卵群,每年的5月下旬至6月上旬产卵,若无敌害侵袭,香螺卵的孵化率很高。

(3)皱纹盘鲍喜欢在水质清澈、盐度较高、潮流畅通、海藻丛生的几米至十几米水深的岩礁地带生活。一般认为其属草食性,成鲍主要摄食褐藻,如海带、裙带菜、羊栖菜、绿藻,也摄食一些底栖小型动物,如球房虫、水螅虫等,故也有人认为其属杂食性。皱纹盘鲍是冷水种类,对高温的适应能力较差,最适生长水温范围在15℃~24℃,水温28℃是皱纹盘鲍的高温阈值,水温 28℃～30℃时,其死亡率急剧上升。

(4) 大连紫海胆,学名光棘球海胆。紫海胆生活于海藻繁茂的岩礁海底,以海带、裙带菜、石莼等大型藻类为食。紫海胆生存水温为 0℃～30℃,在 5℃～20℃,其活力与摄食率随水温的上升而增高;如果水温再升高,其活力与摄食率反而稍有下降,至 25℃之后锐减并出现少量掉棘现象,但 15 天内无死亡;30℃则不摄食,棘大量脱落,7 天内全部死亡。

(5) 黄海胆,学名海刺猬,分布于中国黄海北部及日本海的部分海域,开阔大洋的温度变化范围大致是在 -2℃～25℃。黄海胆对高温的耐受性较差,对低温的耐受性较强。

综上所述,刺参属于舔食性动物,皱纹盘鲍和紫海胆属于杂食性动物,主要生活于獐子岛近岸 30 米以内的岩礁区;而腐食性的香螺和杂食性的黄海胆,在 40 米范围内均有分布,由于食性的差别和生态位的不同,不会和滤食性贝类产生饵料的竞争。同时,根据獐子岛本年度底层潜标水温监测数据,獐子岛底层的平均水温不超过 21℃,未超过刺参、香螺、皱纹盘鲍和海胆的温度适应性范围,因此自然环境暂时不会对刺参、香螺、皱纹盘鲍和海胆产生明显的影响。

近三年及 2019 年截至 10 月,上述品种的产销量情况如表 3-5 所示。

表 3-5　近三年及 2019 年截至 10 月产品产销量情况表　　　　单位:千克

产品	2019 年 1～10 月	2018 年度	2017 年度	2016 年度
活海螺	1 027 842	1 584 318	1 147 771	1 306 567
獐子岛刺参	101 800	210 690	178 000	197 253
皱纹盘鲍	8 553	3 678	11 899	5 012
紫海胆	248 802	236 217	139 319	105 090
黄海胆	250 829	261 756	178 572	177 961

从近三年及 2019 年截至 10 月的产品产销量数据可知,獐子岛海洋牧场除底播虾夷扇贝外,其他品种产销量表现稳定,未发现受到自然灾害影响的情况。其中,2019 年前三季度公司活海螺产销量及收入下降的主要原因为海螺采捕作业天数较同期减少所致。

第四,根据《公告》,你公司除底播虾夷扇贝外,在其他产业及品种方面已具备较好的盈利能力基础。请补充说明形成上述结论的依据。

回复:

公司 2016—2018 年销售收入分别实现 305 210 万元、320 585 万元和 279 800 万元,销售毛利分别实现 46 173 万元、48 524 万元和 46 764 万元,毛利率分别为 15%、15% 和17%。同期底播虾夷扇贝销售收入分别实现 58 600 万元、58 400 万元和 17 500 万元,销售毛利分别实现 14 400 万元、13 300 万元和 3 100 万元。

公司近三年主要产业营业收入及盈利情况如表 3-6 所示。

表 3-6 近三年主要产业营业收入及盈利情况表　　　　单位:万元

项目	2016 年度			2017 年度			2018 年度		
	销售收入	毛利	毛利率	销售收入	毛利	毛利率	销售收入	毛利	毛利率
合计	305 210	46 173	15%	320 585	48 524	15%	279 800	46 764	17%
水产加工业	95 737	13 063	14%	109 322	17 264	16%	111 324	16 125	14%
水产贸易业	111 609	6 789	6%	123 249	6 607	5%	104 577	5 495	5%
水产养殖业(不含底播虾夷扇贝)	31 458	10 518	33%	24 700	9 445	38%	40 259	20 437	51%

从表 3-6 可知,底播虾夷扇贝毛利大幅下降的情况下,公司整体销售毛利及毛利率水平波动不大,2018 年度底播虾夷扇贝对公司整体收入及盈利能力的支撑作用逐渐下降。

除底播虾夷扇贝外主要产业及品种的盈利能力分析如下。

1. 水产加工业

公司 2016—2018 年水产加工业销售收入分别实现 95 737 万元、109 322 万元和 111 324 万元,销售收入稳步增长,销售毛利分别实现 13 100 万元、17 300 万元和 16 100 万元。近年来,公司水产加工业规模及收益稳定,休闲即食类产品及海参加工品等海洋食品深加工业务,与国内零食连锁巨头运营平台合作,推进线上与线下市场网络融合服务,收入及利润增长态势良好。2019 年 1~9 月,公司海洋休闲即食类产品销售收入 7 052 万元,同比增长 1 537 万元,增幅 28%,销售毛利 1 252 万元,同比增长 477 万元,增幅 61%;海参加工品销售收入 13 378 万元,同比增长 810 万元,增幅 6%,销售毛利 123 249 万元,同比增长 68 万元。

2. 水产贸易业

公司 2016—2018 年水产贸易业销售收入分别实现 111 609 万元、123 249 万元和 104 577 万元,销售毛利分别实现 6 789 万元、6 607 万元和 5 495 万元。受银行收紧贸易融资额度影响,公司近年来水产贸易业收入水平有所下降,因水产贸易业务毛利率相对较低,收入及毛利水平的下降对公司整体盈利能力的影响不大。公司今后仍将积极拓展贸易融资渠道,稳定水产贸易业务。

3. 水产养殖业(不含底播虾夷扇贝)

公司 2016—2018 年水产养殖业销售收入分别实现 31 458 万元、24 700 万元和 40 259 万元,销售毛利分别实现 10 518 万元、9 445 万元和 20 437 万元。公司三倍体苗种业务增长显著,海螺、海参、鲍鱼、海胆等多品种多元化的土著品种养殖格局,优化了海洋牧场收入及利润贡献结构。

在苗种产业方面,公司控股子公司青岛前沿海洋种业有限公司 2018 年正式投入生产运营,当年实现销售毛利1 803万元,2019年1~9月已实现销售毛利3 461万元。

在海洋牧场土著品种资源培育开发方面,活海螺产品近三年平均产销量约1 350吨,年均收入约9 400万元,已逐步成为公司海洋牧场第二大鲜活产品;公司长海县海域海参年产量600吨左右,除供应内部深加工外,部分以鲜活海参的形态销售,2019年度增加了对外销售业务量,1~9月实现销售收入3 156万元,同比增长2 484万元,销售毛利1 732万元,同比增长1 480万元;獐子岛海域底播鲍鱼经过多年的资源养护,自然资源量恢复明显,2019年1~9月实现销售收入455万元,同比增长366万元,销售毛利313万元,同比增长282万元,将成为公司新的利润增长点;海胆产品加大了鲜活产品销售比重,2019年1~9月实现活海胆销售收入2 695万元,同比增长1 740万元,销售毛利2 104万元,同比增长1 350万元。

综上所述,公司在海洋食品深加工、海洋牧场海洋珍品土著资源培育开发、海洋珍品苗种产业等方面已经积累并形成了较好的盈利能力基础。公司将通过进一步关闭海上风险敞口,缩减养殖海域规模,降低海域使用金成本,聚焦盈利基础好的优势项目,加快"瘦身计划",及时关闭非主营、盈利性较差的投资项目,大幅降低费用开支,提高公司经营效益和持续经营能力。同时,公司在国内外已建立的多渠道、多层次的销售网络以及产品品牌亦是公司的优势资源,公司将以"抓好活鲜品销售、顺应海洋食品零食化趋势"为运营重点,深度聚焦"獐子岛味道"的研发与品牌价值的提升,努力构筑"世界鱼市",提供"幸福家宴"。

第五,你公司认为应予以说明的其他事项

回复:

无。

特此回复!

獐子岛集团股份有限公司董事会

2019年11月23日

资料来源:深圳证券交易所官网。

【资料3-4】

哈尔滨秋林集团2019年度内部控制评价报告

哈尔滨秋林集团股份有限公司全体股东:

根据《企业内部控制基本规范》及其配套指引的规定和其他内部控制监管要求(以下统称企业内部控制规范体系),结合哈尔滨秋林集团股份有限公司(以下简称秋林集团)内部控制制度和评价办法,在内部控制日常监督和专项监督的基础上,我们对秋林集团

2019 年 12 月 31 日(内部控制评价报告基准日)的内部控制有效性进行了评价。

一、重要声明

按照企业内部控制规范体系的规定,建立健全和有效实施内部控制,评价其有效性,并如实披露内部控制评价报告是秋林集团董事会的责任。监事会对董事会建立和实施内部控制进行监督。经理层负责组织领导企业内部控制的日常运行。秋林集团董事会、监事会及董事、监事、高级管理人员保证本报告内容不存在任何虚假记载、误导性陈述或重大遗漏,并对报告内容的真实性、准确性和完整性承担个别及连带法律责任。

秋林集团内部控制的目标是合理保证经营管理合法合规、资产安全、财务报告及相关信息真实完整,提高经营效率和效果,促进实现发展战略。由于内部控制存在的固有局限性,仅能为实现上述目标提供合理保证。此外,情况的变化可能导致内部控制变得不恰当,或对控制政策和程序遵循的程度降低,根据内部控制评价结果推测未来内部控制的有效性具有一定的风险。

二、内部控制评价结论

(1)秋林集团于内部控制评价报告基准日,是否存在财务报告内部控制重大缺陷。

☑是　　□否

(2)财务报告内部控制评价结论。

□有效　　☑无效

根据秋林集团财务报告内部控制重大缺陷的认定情况,于内部控制评价报告基准日,存在财务报告内部控制重大缺陷。秋林集团董事会认为,秋林集团未能按照企业内部控制规范体系和相关规定的要求在所有重大方面保持有效的财务报告内部控制。

(3)是否发现非财务报告内部控制重大缺陷。

☑是　　□否

(4)自内部控制评价报告基准日至内部控制评价报告发出日止,影响内部控制有效性评价结论的因素。

□适用　　☑不适用

自内部控制评价报告基准日至内部控制评价报告发出日止,未发生影响内部控制有效性评价结论的因素。

□适用　　□不适用

(5)内部控制审计意见是否与秋林集团对财务报告内部控制有效性的评价结论一致。

☑是　　□否

(6)内部控制审计报告对非财务报告内部控制重大缺陷的披露是否与秋林集团内部控制评价报告披露一致。

☑是　　□否

三、内部控制评价工作情况

（一）内部控制评价范围

秋林集团按照风险导向原则确定纳入评价范围的主要单位、业务和事项以及高风险领域。

1. 纳入评价范围的主要单位

纳入评价范围的主要单位包括：哈尔滨秋林集团股份有限公司、哈尔滨秋林经济贸易有限公司、哈尔滨秋林广告有限公司、哈尔滨秋林食品有限责任公司、海口首佳小额贷款有限公司、哈尔滨秋林彩宝经贸有限公司、深圳市金桔莱黄金珠宝首饰有限公司、秋林（深圳）珠宝经营有限公司、哈尔滨秋林基金管理有限公司、秋林宏润核装（天津）智能制造有限公司。

2. 纳入评价范围的单位占比

纳入评价范围的单位占比如表3-7所示。

表3-7 纳入评价范围的单位占比

指标	占比
纳入评价范围单位的资产总额占秋林集团合并财务报表资产总额之比	100%
纳入评价范围单位的营业收入合计占秋林集团合并财务报表营业收入总额之比	100%

3. 纳入评价范围的主要业务和事项

纳入评价范围的主要业务和事项包括内部环境、风险评估、控制活动、信息与沟通、内部监督、财务报告与信息披露、全面预算管理、资金管理、对外股权投资管理、固定资产与无形资产、工程项目管理、人力资源管理、采购与付款管理、存货管理、销售与收款管理、信息系统总体控制、业务外包管理等。

4. 重点关注的高风险领域

重点关注的高风险领域主要包括招商与营运、工程采购与付款、销售与收款、工薪与人事、固定资产、子公司业务六个方面。

5. 是否存在重大遗漏

上述纳入评价范围的单位、业务和事项以及高风险领域涵盖了秋林集团经营管理的主要方面，是否存在重大遗漏。

□是　☑否

6. 是否存在法定豁免

□是　☑否

7. 其他说明事项

无。

（二）内部控制评价工作依据及内部控制缺陷认定标准

秋林集团依据企业内部控制规范体系及《企业内部控制基本规范》《企业内部控制配套指引》，组织开展内部控制评价工作。

1. 内部控制缺陷具体认定标准是否与以前年度存在调整

☐是　　☑否

秋林集团董事会根据企业内部控制规范体系对重大缺陷、重要缺陷和一般缺陷的认定要求，结合秋林集团规模、行业特征、风险偏好和风险承受度等因素，区分财务报告内部控制和非财务报告内部控制，研究确定了适用于秋林集团的内部控制缺陷具体认定标准，并与以前年度保持一致。

2. 财务报告内部控制缺陷认定标准

（1）秋林集团确定的财务报告内部控制缺陷评价的定量标准如表3-8所示。

表3-8　财务报告内部控制缺陷评价的定量标准

指标名称	重大缺陷定量标准	重要缺陷定量标准	一般缺陷定量标准
资产总额错报	错报≥资产总额的1%	资产总额的0.5%≤错报<资产总额的1%	错报<资产总额的0.5%
营业收入错报	错报≥营业收入的1%	营业收入的0.5%≤错报<经营收入的1%	错报<营业收入的0.5%
净利润错报	错报≥净利润的5%	净利润的3%≤错报<净利润的5%	错报<净利润的3%

说明：

无。

（2）秋林集团确定的财务报告内部控制缺陷评价的定性标准如表3-9所示。

表3-9　财务报告内部控制缺陷评价的定性标准

缺陷性质	定性标准
重大缺陷	秋林集团董事、监事和高级管理人员的舞弊行为；秋林集团更正已公布的财务报告出现的重大差错；当期财务报告存在重大错报，而内部控制在运行过程中未能发现；审计委员会和内部审计机构对秋林集团财务报告内部控制监督无效
重要缺陷	未依照公认会计准则选择和应用会计政策；未建立反舞弊程序和控制措施；外部审计发现的一般错报，秋林集团内部控制未发现
一般缺陷	除上述重大缺陷、重要缺陷之外的其他控制缺陷

说明：

无。

3. 非财务报告内部控制缺陷认定标准

（1）秋林集团确定的非财务报告内部控制缺陷评价的定量标准如表3-10所示。

表 3-10 非财务报告内部控制缺陷评价的定量标准

指标名称	重大缺陷定量标准	重要缺陷定量标准	一般缺陷定量标准
资产总额损失金额	损失金额≥资产总额的1%	资产总额的0.5%≤损失金额<资产总额的1%	损失金额<资产总额的0.5%
营业收入损失金额	损失金额≥营业收入的1%	营业收入的0.5%≤损失金额<营业收入的1%	损失金额<营业收入的0.5%
净利润损失金额	损失金额≥净利润的5%	净利润的3%≤损失金额<净利润的5%	损失金额<净利润的3%

说明：

无。

（2）秋林集团确定的非财务报告内部控制缺陷评价的定性标准如表 3-11 所示。

表 3-11 非财务报告内部控制缺陷评价的定性标准

缺陷性质	定性标准
重大缺陷	决策程序导致重大失误；重要业务缺乏制度控制、重要业务未按制度办理对经营管理和企业发展造成重大影响；内部控制评价的结果特别是重大缺陷未得到整改；违反国家法律法规或规范性文件；其他对秋林集团产生重大负面影响的情形等
重要缺陷	决策程序导致出现重要失误；重要业务制度或系统存在重要缺陷；重要业务未按制度办理对经营管理和企业发展造成重要影响；内部控制评价的结果特别是重要缺陷未得到整改；其他对秋林集团产生较大负面影响的情形等
一般缺陷	除上述重大缺陷、重要缺陷之外的其他非财务报告内部控制缺陷

说明：

无。

（三）内部控制缺陷认定及整改情况

1. 财务报告内部控制缺陷认定及整改情况

A. 重大缺陷

报告期内秋林集团是否存在财务报告内部控制重大缺陷。

☑是   □否

根据上述财务报告内部控制缺陷的认定标准，报告期内秋林集团存在财务报告内部控制重大缺陷三个，具体情况如下：

第一，对子公司的管控制度未达到有效执行。秋林集团董事长李亚和副董事长李建新对子公司的经营业务超过秋林集团董事会授权，越权参与子公司经营，合同签订、存货收发、款项收回的职责分工和制衡机制失效，致使秋林集团产生重大损失。虽然上述事项主要发生在 2018 年度，但其产生的影响重大、广泛、持续。董事长李亚、副董事长李建新仍处于失联状态，致使 2019 年度黄金珠宝业务经营停滞、大量员工离职、财务数据不完整、以前年度形成的大额债权未收回。

缺陷整改情况:目前,董事长、副董事长仍处于失联状态,三个大股东股份被连续轮候冻结,秋林集团黄金业务停滞。秋林集团黄金业务板块问题错综复杂,依靠秋林集团管理团队自身的力量,无法解决黄金业务板块子公司问题。秋林集团正在积极争取各级政府部门的支持,寻求解决办法。截至报告发出日,未完成整改。

第二,对外投资未达到有效的跟踪管理。秋林集团持有吉林龙井农村商业银行股份有限公司(以下简称龙井农商行)20%股权,列报为长期股权投资。截至 2019 年 12 月 31 日,秋林集团对联营企业龙井农商行的长期股权投资账面价值为 8 677 万元,其中,报告期内确认投资收益－1 539 万元。截至审计报告日,未能获取龙井农商行 2019 年度审计报告,也未能获取龙井农商行 2019 年度签章版的财务报表,无法判断秋林集团当期损益确认是否恰当。

缺陷整改情况:秋林集团行政总监与会计师于 2020 年 1 月 16 日专程赴吉林龙井农商行进行核查,但由于该行人事变动,以及秋林集团已起诉该行追索 3.38 亿元资产处置款项等原因,该行未配合给予 2019 年度带有签章的相关报表。后续秋林集团将依法继续追索相关报表并核查相关法人治理等事项,加强对外投资的跟踪管理。截至报告发出日,未完成整改。

第三,募集资金管理方面未达到有效控制。2018 年 12 月 16 日,秋林集团将非公开发行债券"18 秋林 01"募集的资金 3 亿元,从募集资金专户流向了秋林集团在华夏银行天津分行开立的其他三个普通账户,并用上述账户的 3 亿元款项存单为天津市隆泰冷暖设备制造有限公司开展保理业务提供了质押担保。目前,债券募集资金账户已被冻结。经秋林集团自查,未曾在过往的董事会及股东大会上审议或决策过与天津隆泰开展相关保理业务或担保事项,也未曾开立过上述三个普通账户以及向该等账户转款。为此,2019 年 2 月 28 日,秋林集团向哈尔滨公安局报案,并向中国银保监会、中国证监会举报华夏银行的违法行为。2020 年 1 月 19 日,秋林集团收到天津市高级人民法院一审《民事判决书》(〔2019〕津民初 44 号),判决秋林集团以其名下的定期存单对天津隆泰承担质押担保责任。虽然上述事项发生在 2018 年度,但其产生的影响重大、长期、持续,致使秋林集团 2019 年度计提预计负债3.10 亿元。

缺陷整改情况:秋林集团对天津市高级人民法院一审判决不服,已在收到判决书 15 日内向法院递交上诉状,采取法律手段竭力维护全体投资者的合法权益。截至报告发出日,未完成整改。

B. 重要缺陷

报告期内秋林集团是否存在财务报告内部控制重要缺陷。

□是　　☑否

C. 一般缺陷

无。

D. 未完成整改的重大缺陷

经过上述整改，于内部控制评价报告基准日，秋林集团是否存在未完成整改的财务报告内部控制重大缺陷。

☑是　□否

存在未完成整改的财务报告内部控制重大缺陷数量为三个。

E. 未完成整改的重要缺陷

经过上述整改，于内部控制评价报告基准日，秋林集团是否存在未完成整改的财务报告内部控制重要缺陷。

□是　☑否

2. 非财务报告内部控制缺陷认定及整改情况

A. 重大缺陷

报告期内秋林集团是否发现非财务报告内部控制重大缺陷。

☑是　□否

根据上述非财务报告内部控制缺陷的认定标准，报告期内秋林集团发现非财务报告内部控制重大缺陷一个：秋林集团董事长李亚、副董事长李建新仍处于失联状态，其领导下的黄金事业部工作人员已相继离职，子公司生产经营已停滞。

缺陷整改情况：由于秋林集团董事长、副董事长处于失联状态，为保证哈尔滨商场和食品秋林集团以及其他子公司生产经营稳定，秋林集团已成立应急领导小组，应急领导小组下设工作小组，以确保生产经营活动正常运行。截至报告发出日，未完成整改。

B. 重要缺陷

报告期内秋林集团是否发现非财务报告内部控制重要缺陷。

□是　☑否

C. 一般缺陷

无。

D. 未完成整改的重大缺陷

经过上述整改，于内部控制评价报告基准日，秋林集团是否发现未完成整改的非财务报告内部控制重大缺陷。

☑是　□否

发现未完成整改的非财务报告内部控制重大缺陷数量为一个。

E. 未完成整改的重要缺陷

经过上述整改，于内部控制评价报告基准日，秋林集团是否发现未完成整改的非财务报告内部控制重要缺陷。

□是　☑否

四、其他内部控制相关重大事项说明

1. 上一年度内部控制缺陷整改情况

☑适用　□不适用

上一报告期内秋林集团存在财务报告内部控制重大缺陷四个,具体情况如下:

第一,董事长和副董事长参与子公司经营,导致制衡机制失效。秋林集团认为:因内部控制制度的固有局限性,董事长和副董事长直接管理黄金业务板块,导致秋林集团内控制度无法约束董事长、副董事长的个人行为。

整改情况:目前,董事长、副董事长仍处于失联状态,三个大股东股份被连续轮候冻结,秋林集团黄金业务停滞,秋林集团黄金业务板块问题错综复杂,依靠秋林集团管理团队自身的力量,无法解决黄金业务板块子公司问题,秋林集团目前正在积极争取各级政府部门的支持,寻求解决办法。

第二,对子公司的管控制度未有效执行。秋林集团认为:由于秋林集团所有黄金业务一直由董事长和副董事长直接管理,董事长、副董事长对子公司越权经营,导致秋林集团对黄金业务板块子公司的管控失效。

整改情况:秋林集团黄金业务停滞,黄金业务板块的子公司已停业。秋林集团加强了对其他子公司的内部管理,定期检查,实施有效的控制监督。秋林集团定期对下属子公司哈尔滨秋林食品有限责任公司的会计资料进行检查并监督整改,对海口首佳小额贷款有限公司的内部控制制度执行及工作流程等方面进行监督和检查。针对深圳子公司出现的问题,秋林集团多次派监事会成员及稽核、财务人员赴深圳,对深圳子公司的人员、资产、资金情况进行摸底,了解潜在的问题及可能存在的风险,并针对审计结果研究应对措施。秋林集团聘请北京大成律师事务所作为法律顾问,对资产的管控和未来对应收款的催收以及对存货的核实等工作开展进一步的推进。

第三,秋林集团未对可供出售金融资产等对外投资实施有效的跟踪管理。经核查:秋林集团持有的龙井农商行股权并未受限,秋林集团也从未签署资产处置协议。具体为:一是吉林省银保监局并未对秋林集团持有的龙井农商行股权实施任何股东权利限制,秋林集团也从未收到过吉林省银保监局对秋林集团持有的龙井农商行股权实施股东权利限制的任何文件;二是龙井农商行及大股东提供的资产处置协议,经黑龙江民强司法鉴定中心鉴定,公章为伪造。

整改情况:秋林集团于2019年11月5日向吉林省延边朝鲜族自治州中级人民法院提起了诉讼,请求吉林龙井农商行履行约定,将秋林集团入股龙井农商行时购买的延吉市延河农村信用合作社置出的抵债资产(原贷款本金3.01亿元)对应的七处房产(购置价3.3824亿元)交付并且产权过户给秋林集团,且请求延边农村商业银行股份有限公司(以下简称延边农商行)承担连带责任。秋林集团于2019年11月5日在延边朝鲜族自治州中级人民法院提交网上立案(秋林集团诉延边农商行等企业秋林集团制改造合同纠纷

案），法院于 2019 年 11 月 14 日立案（〔2019〕吉 24 民初 327 号），按照普通程序审理，案件审限为 182 天。延边朝鲜族自治州中级人民法院已于 2019 年 12 月 25 日开庭审理，双方在 2020 年 1 月 20 日继续交换证据，目前正在双方举证、质证阶段。秋林集团 2019 年度多次与龙井农商行及龙井农商行第一大股东延边农商行研究磋商完善龙井农商行法人治理等问题，对龙井农商行不当处置秋林集团资产的行为向法院进行起诉追索。并于 2020 年 1 月 16 日委派秋林集团行政总监与会计师专程赴吉林龙井农商行进行核查，但由于该行人事变动，以及秋林集团已起诉该行追索 3.38 亿元资产处置款项等原因，该行未配合给予 2019 年度带有签章的相关报表。后续秋林集团将依法继续追索相关报表并核查相关法人治理等事项，加强对外投资的跟踪管理。

第四，募集资金管理方面未实施有效控制。秋林集团认为：秋林集团不存在挪用债券募集资金和违规担保事项。关于华夏银行募集资金担保事项，经秋林集团核查确认，秋林集团未曾在过往的董事会及股东大会上审议或决策过与天津隆泰开展相关保理业务或担保事项，且哈尔滨市公安局已经对相关事项立案调查。

整改情况：秋林集团已于 2019 年 2 月 22 日、2 月 27 日、2 月 28 日分别向中国银保监会天津监管局进行投诉、向华夏银行总行监察室进行举报并向公安部门报案。秋林集团于 2019 年 10 月 8 日收到万联证券股份有限公司转来的中国银保监会天津监管局《举报事项答复书》（津银保监举复〔2019〕005 号），答复书中对华夏银行天津分行违规划转募集专户资金、违规开展保理业务、涉嫌伪造"18 秋林 01"募集资金专户明细对账单、违反合同约定拒不办理业务四项问题进行了回复，确认了华夏银行违规划转秋林集团募集资金，以及违规开展保理业务等问题。2020 年 1 月 19 日，秋林集团收到天津市高级人民法院一审《民事判决书》（〔2019〕津民初 44 号），判决秋林集团以其名下的定期存单对天津隆泰承担质押担保责任。秋林集团对以上一审判决不服，已在收到判决书 15 日内向法院递交上诉状，并将采取法律手段维护全体投资者的合法权益。

上一报告期内秋林集团存在非财务报告内部控制重大缺陷一个，具体情况如下：2018 年年末控制环境明显恶化。秋林集团认为：由于董事长和副董事长的越权经营，导致黄金业务板块的各子公司在 2018 年年末控制环境恶化。

秋林集团的整改情况是：目前，董事长、副董事长仍处于失联状态，秋林集团黄金业务已停滞，哈尔滨商场和食品秋林集团以及其他子公司生产经营稳定，各秋林集团在经营活动中严格按照秋林集团内部控制制度执行。2019 年 2 月，秋林集团在得知发生董事长、副董事长失联事件的第一时间成立应急领导小组，积极应对，商量对策，为保证哈尔滨商场和食品秋林集团以及其他子公司生产经营稳定，利用秋林集团现有的资源研究解决办法。同时，对未来潜在的问题，开展积极的预防措施，避免给秋林集团造成更大的损失。2019 年，秋林集团在省市政府各级领导的支持及关怀下，在省证监局的指导及帮助下，积极应对各项突发事件和问题，采取法律手段为秋林集团挽回巨大的经济损失。关于渤海国际信托股份有限公司诉天津市滨奥航空设备有限公司等四家金融借款合同纠纷一案及诉天津颐和黄金珠宝销售有限公司等六家金融借款合同纠纷一案、华夏银行股份有限公司天津分行诉天津市隆泰冷暖设备制造有限公司、哈尔滨秋林集团股份有限公司保理合同纠纷一案、秋林集团诉龙井农商行等企业公司制改造合同纠纷一案等案件,情况已经越来越清晰,秋林集团将全力以赴解决上述事项,以维护股东利益,尤其是中小股东及投资者的利益不受损失。同时,秋林集团在现有条件下,通过积极寻求发展机会,以求更好地解决秋林集团历史问题。2019 年 9 月 15 日,经秋林集团第九届董事会第二十五次会议审议通过,与黑龙江北大仓集团有限公司(以下简称北大仓集团)签署了合作框架协议,双方拟整合资源,发挥各自优势,将通过对商圈内物业进行重新规划、升级改造,提升整个商圈档次及商业价值,进而提升整体百货物业的收益水平,实现双方合作共赢。目前,秋林集团与北大仓集团就本次合作的具体事宜正在进行详细磋商,积极推进。双方共同成立了管理小组,确定了院落打通、商场打通等方案并组织实施。其中,院落打通工程已完成;商场打通方案已完成设计工作,目前正组织材料报有关部门批准后实施。百货大楼商场也已经交给秋林集团经营管理。

2. 本年度内部控制运行情况及下一年度改进方向

☑适用　□不适用

秋林集团将继续完善内部控制制度,规范各全资子公司各岗位工作流程,加强秋林集团尤其是对子公司的内控监督管理,确保内部控制有效、内部控制实施与评价工作有序进行。

3. 其他重大事项说明

□适用　☑不适用

董事长(已经董事会授权):李亚(处于失联状态)

代行董事长职责:潘建华

哈尔滨秋林集团股份有限公司

2020 年 3 月 2 日

资料来源:上海证券交易所官网。

五、延伸思考

(1) 如何区分财务报告内部控制与非财务报告内部控制?

(2) 如何建立内部控制缺陷认定的定性标准和定量标准?

(3) 内部控制的有效性如何影响审计风险?

案例四　内部控制审计意见

一、案例分析目标

2001年年底开始,"安然"和"世通"等财务欺诈案相继曝光,特别是安达信会计师事务所(Arthur Andersen)的卷入,震撼了全球资本市场。2002年7月,美国国会颁布《2002年公众公司会计改革和投资者保护法案》(*Public Company Accounting Reform and Investor Protection Act of 2002*),即著名的《萨班斯—奥克斯利法案》(*Sarbanes-Oxley Act*,简称《萨奥法案》)。《萨奥法案》第404条款关于"管理层对内部控制的评估"规定:一是,作为一项强制性规则,公司提供的年度报告中均应包括一份内部控制报告,声明管理层对建立和维持适当的、基于财务报告目的的内部控制框架和程序的责任,基于最近的财政年度末对内部控制的有效性进行评估;二是,担任公司年报审计任务的会计公司应对管理层进行的内部控制评估进行测试和评价。随后,公众公司会计监督委员会(Public Company Accounting Oversight Board)发布了与财务报表审计整合实施的财务报告内部控制审计准则。

从我国的情况来看,2006年7月15日,财政部、国资委、证监会、审计署、银监会、保监会联合发起成立了企业内部控制标准委员会,着手内部控制规范的研究和制定。2008年5月,企业内部控制标准委员会发布《企业内部控制基本规范》。2010年4月26日,《企业内部控制配套指引》《企业内部控制评价指引》和《企业内部控制审计指引》发布,自2011年1月1日起首先在境内外同时上市的公司施行,自2012年1月1日起扩大到上海证券交易所、深圳证券交易所主板上市的公司施行。内部控制审计,要求注册会计师对内部控制设计与运行的有效性进行测试,获取充分和适当的审计证据,对内部控制的有效性发表意见,并支持其在财务报表审计中对控制风险的评估结果。

通过本案例分析,应了解内部控制审计的主要工作内容和侧重点,熟悉工作流程,掌握各种审计工作底稿的编制程序和方法,能够针对特定案例发表恰当的审计意见并撰写内部控制审计报告。

二、案例分析中涉及的主要文告

(1)《企业内部控制应用指引》。

(2)《企业内部控制评价指引》。

(3)《企业内部控制审计指引》。

(4)《中国注册会计师审计准则第 1152 号——向治理层和管理层通报内部控制缺陷》。

三、案例分析提示

内部控制审计工作主要包括以下几个环节：

(1) 计划审计工作。

(2) 实施审计工作。

(3) 评价控制缺陷。

(4) 完成审计工作并出具审计报告。

(5) 关注期后事项。

(6) 整理审计工作底稿。

注册会计师应当评价其与治理层之间的双向沟通对实现审计目的是否充分。若沟通充分,治理层同意作出且已作出恰当修改,则继续进行审计工作,不考虑这些事项对审计意见的影响;如果注册会计师与治理层之间的双向沟通不充分,并且这种情况得不到解决,注册会计师可以考虑发表非标意见,或与第三方(如监管机构)、被审计单位外部的在治理结构中拥有更高权力的组织或人员(如企业的业主、股东大会中的股东)或对公共部门负责的政府部门进行沟通,甚至在法律法规允许的情况下解除业务约定。

四、案例资料

【资料 4-1】

带强调事项段的内部控制审计报告

审字〔20×2〕160020 号

M 股份有限公司全体股东：

按照《企业内部控制审计指引》及中国注册会计师执业准则的相关要求,我们审计了 M 股份有限公司(以下简称 M 公司)20×1 年 12 月 31 日财务报告内部控制的有效性。

一、M 公司对内部控制的责任

按照《企业内部控制基本规范》《企业内部控制应用指引》《企业内部控制评价指引》的规定,建立健全和有效实施内部控制,并评价其有效性是 M 公司董事会的责任。

二、注册会计师的责任

我们的责任是在实施审计工作的基础上,对财务报告内部控制的有效性发表审计意见,并对注意到的非财务报告内部控制的重大缺陷进行披露。

三、内部控制的固有局限性

内部控制具有固有局限性,存在不能防止和发现错报的可能性。此外,由于情况的变化可能导致内部控制变得不恰当,或对控制政策和程序遵循的程度降低,根据内部控制审计结果推测未来内部控制的有效性具有一定风险。

四、财务报告内部控制审计意见

我们认为,M公司于20×1年12月31日按照《企业内部控制基本规范》和相关规定在所有重大方面保持了有效的财务报告内部控制。

五、强调事项

我们提醒内部控制审计报告使用者关注,如M公司董事会20×1年度财务报告内部控制评价报告所述,M公司本期新收购了宜泰医药有限公司100%的股权,M公司子公司昆药商业有限公司本期新收购了保民药业有限责任公司60%的股权,增资扩股取得怒江医药有限公司70.01%的股权、昆楚企业管理有限公司70%的股权,并将上述公司纳入20×1年度财务报表合并范围。根据中国证监会企业内部控制规范体系实施工作领导小组发布的《上市公司实施企业内部控制规范体系监管问题解答》(2011年第1期)的相关豁免规定:"公司在报告年度发生并购交易的,可豁免本年度对被并购企业财务报告内部控制有效性的评价"。该公司20×1年12月31日的财务报告内部控制有效性未包含在本年度内部控制自我评价和审计范围内。本段内容不影响已对财务报告内部控制发表的审计意见。

××会计师事务所

中国注册会计师:×××

20×2年××月××日

【资料4-2】

否定意见内部控制审计报告

特审字〔20×2〕第1649号

S股份有限公司全体股东:

按照《企业内部控制审计指引》及中国注册会计师执业准则的相关要求,我们审计了S股份有限公司(以下简称S公司)20×1年12月31日财务报告内部控制的有效性。

一、企业对内部控制的责任

按照《企业内部控制基本规范》《企业内部控制应用指引》《企业内部控制评价指引》的规定,建立健全和有效实施内部控制,并评价其有效性是S公司董事会的责任。

二、注册会计师的责任

我们的责任是在实施审计工作的基础上,对财务报告内部控制的有效性发表审计意

三、导致无法表示意见的事项

20×1 年 12 月 1 日,Q 公司的《内部控制手册》才编制完成并开始实施,没有充足的运行时间。

四、财务报告内部控制审计意见

由于存在上述情况,我们未能实施必要的审计程序以获取发表意见所需的充分、适当证据,因此,我们无法对 Q 公司财务报告内部控制的有效性发表意见。

五、识别的财务报告内部控制重大缺陷

重大缺陷是内部控制中存在的、可能导致不能及时发现并纠正财务报表出现重大错报的一项控制缺陷或多项控制缺陷的组合。

尽管我们无法对 Q 公司财务报告内部控制的有效性发表意见,但在我们实施的有限程序的过程中,发现了以下重大缺陷:我们注意到,Q 公司在 20×1 年度前没有按照《关联方交易决策制度》的规定,及时识别关联方,公司实际控制人确认有误,从而导致识别关联方不完整,不准确。20×1 年 8 月,中国证券监督管理委员会山东证监局对 Q 公司下达《关于对 Q 科技股份有限公司采取责令改正措施的决定》后,Q 公司才进行更正及相关信息披露。Q 公司在 20×1 年度的财务报告中对年初数据进行了重大会计差错更正。

有效的内部控制能够为财务报告及相关信息的真实完整提供合理保证,而上述重大缺陷使 Q 公司内部控制失去这一功能。

××会计师事务所

中国注册会计师:×××
20×2 年××月××日

五、延伸思考

(1) 在实施内部控制审计工作时,注册会计师应如何确保将企业层面控制和业务层面控制的测试有效结合进行?

(2) 表明内部控制可能存在重大缺陷的迹象主要有哪些?

(3) 注册会计师对财务报告内部控制出具无保留意见的审计报告需要符合哪些基本条件?

(4) 注册会计师对财务报告内部控制出具非标审计报告是什么原因?

(5) 财务报告内部控制非标审计意见对财务报告审计意见可能产生哪些影响?

案例五　销售与收款循环审计

一、案例分析目标

销售与收款是企业经营活动的重要组成部分,包括接受客户订单、批准赊销信用、开具发票账单、记录销售业务、收款、核销坏账、计提坏账准备等一系列复杂的业务流程,是产生重大错报风险的高发领域和重点领域,直接关系到企业经营成果的真实性。销售与收款循环涉及"应收款项""预收款项""坏账准备""应交税费""主营业务收入"等会计科目,其审计范围较广。注册会计师需要在了解业务流程和核算流程的基础上,评价相关内部控制及其执行情况,实施必要的审计程序,以获取充分和适当的审计证据。

通过本案例分析,读者应了解销售与收款循环审计的主要工作内容和侧重点,熟悉工作流程,掌握各种审计工作底稿的编制程序和方法,能够针对特定案例评价主营业务收入、应收账款和坏账准备等会计处理的合规性与公允性,实现销售与收款循环审计目标。

二、案例分析中涉及的主要审计准则

(1)《中国注册会计师审计准则第 1121 号——对财务报表审计实施的质量控制》。

(2)《中国注册会计师审计准则第 1141 号——财务报表审计中与舞弊相关的责任》。

(3)《中国注册会计师审计准则第 1312 号——函证》。

(4)《中国注册会计师审计准则第 1314 号——审计抽样》。

(5)《中国注册会计师审计准则第 1323 号——关联方》。

三、案例分析提示

销售与收款循环审计工作主要包括以下几个方面:

(1)评估销售与收款循环的重大错报风险,进行销售与收款循环内部控制测试,识别内部控制缺陷和可能存在的舞弊动机。

（2）对主营业务收入实施实质性程序,抽查相关凭证,审查收入确认和关联方交易,实施销售截止性测试。

（3）获取和编制应收账款明细表,向债务人函证应收账款,分析函证结果与应收账款明细表之间可能存在的差异,重点抽查大额应收款项。

（4）进行应收账款账龄分析,审查坏账准备的计提,审查坏账损失。

四、案例资料

【资料 5-1】

营业收入、营业成本的实质性程序,如表 5-1 所示。

表 5-1　营业收入、营业成本的实质性程序

被审计单位:		财务报表截止日/期间:		索引号:
编制人:　　　　日期:		复核人:　　　　日期:		

	审计目标	财务报表认定					
		发生	完整性	准确性	截止	分类	列报
A	利润表中记录的营业收入(或营业成本)已发生,且与被审计单位有关	√					
B	所有应当记录的营业收入(或营业成本)均已记录		√				
C	与营业收入(或营业成本)有关的金额及其他数据已恰当记录			√			
D	营业收入(或营业成本)已记录在正确的会计期间				√		
E	营业收入(或营业成本)已记录在恰当的账户					√	
F	营业收入(营业成本)已按照企业会计准则规定在财务报表中作出恰当列报						√
	计划实施的实质性程序	发生	完整性	准确性	截止	分类	列报
	一、营业收入						
	(一)主营业务收入						
	1.获取或编制主营业务收入明细表 (1)复核加计是否正确,并与总账数和明细账合计数核对是否相符 (2)检查以非记账本位币结算的主营业务收入的折算汇率及折算是否正确			√			

计划实施的实质性程序	发生	完整性	准确性	截止	分类	列报
2. 实质性分析程序(必要时) (1) 针对已识别需要运用分析程序的有关项目,并基于对被审计单位及其环境的了解,通过进行以下比较,同时考虑有关数据间关系的影响,以建立有关数据的期望值:①将本期的主营业务收入与上期的主营业务收入进行比较,分析产品销售的结构和价格变动是否异常,并分析异常变动的原因;②计算本期重要产品的毛利率,与上期比较,检查是否存在异常,各期之间是否存在重大波动,查明原因;③比较本期各月各类主营业务收入的波动情况,分析其变动趋势是否正常,是否符合被审计单位季节性、周期性的经营规律,查明异常现象和重大波动的原因;④将本期重要产品的毛利率与同行业企业进行对比分析,检查是否存在异常;(注1)⑤根据增值税发票申报表或普通发票,估算全年收入,与实际收入金额比较;⑥根据产品生产能力、仓储能力和运输能力,原材料采购数量及单位产品材料耗用定额,生产工人数量、生产工时及劳动生产率分析产品生产量和销售量的合理性,并查明异常情况的原因。 (2) 确定可接受的差异额 (3) 将实际情况与期望值相比较,识别需要进一步调查的差异 (4) 如果其差额超过可接受的差异额,调查并获取充分的解释和恰当的佐证审计证据 (5) 评估分析程序的测试结果	✓	✓	✓			
3. 检查主营业务收入的确认条件、方法是否符合企业会计准则的规定,前后期是否一致;关注周期性、偶然性的收入是否符合既定的收入确认原则、方法的要求(注2)	✓	✓	✓	✓		
4. 获取产品价格目录,抽查售价是否符合价格政策,并注意销售给关联方或关系密切的重要客户的产品价格是否合理,有无以低价或高价结算的方法相互之间转移利润的现象			✓			
5. 抽取发货单,审查出库日期、品名、数量等是否与发票、销售合同、记账凭证等一致	✓	✓	✓	✓		
6. 抽取记账凭证,审查入账日期、品名、数量、单价、金额等是否与发票、发货单、销售合同等一致	✓		✓	✓		
7. 结合对应收账款的审计,选择主要客户函证本期销售额	✓		✓			
8. 对出口销售,应当将销售记录与出口报关单、货运提单、销售发票等出口销售单据进行核对,必要时向海关函证	✓					

（续表）

计划实施的实质性程序	发生	完整性	准确性	截止	分类	列报
9. 销售的截止测试				√		
10. 存在销货退回的,检查手续是否符合规定,结合原始销售凭证检查其会计处理是否正确。结合存货项目审计关注其真实性	√					
11. 销售折扣与折让 （1）获取或编制折扣与折让明细表,复核加计正确,并与明细账合计数核对相符 （2）取得被审计单位有关折扣与折让的具体规定和其他文件资料,并抽查较大的折扣与折让发生额的授权批准情况,与实际执行情况进行核对,检查其是否经授权批准,是否合法、真实 （3）销售折让与折扣是否及时足额提交对方,有无虚设中介、转移收入、私设账外"小金库"等情况 （4）检查折扣与折让的会计处理是否正确			√			
12. 检查有无特殊的销售行为,如委托代销、分期收款销售、商品需要安装和检验的销售、附有退回条件的销售、售后租回、售后回购、以旧换新、出口销售等,选择恰当的审计程序进行审核	√	√	√	√	√	
13. 调查向关联方销售的情况,记录其交易品种、价格、数量、金额和比例,并记录占总销售收入的比例。对于合并范围内的销售活动,记录应予合并抵销的金额	√		√			
14. 调查集团内部销售的情况,记录其交易价格、数量和金额,并追查在编制合并财务报表时是否已予以抵销	√		√			
15. 根据评估的舞弊风险等因素增加的审计程序						
（二）其他业务收入						
1. 获取或编制其他业务收入明细表,复核加计是否正确,并与总账数和明细账合计数核对是否相符,结合"主营业务收入"科目与营业收入报表数核对是否相符			√			
2. 检查原始凭证等相关资料,分析交易的实质,确定其是否符合收入确认的条件,并检查其会计处理是否正确	√	√	√	√	√	
3. 用材料进行非货币性资产交换的,应确定其是否具有商业实质且公允价值能够可靠计量	√		√			
二、营业成本						
1. 获取或编制主营业务成本明细表,复核加计是否正确,并与总账数和明细账合计数核对是否相符,结合"其他业务成本"科目与营业成本报表数核对是否相符			√			

（续表）

计划实施的实质性程序	发生	完整性	准确性	截止	分类	列报
2. 检查主营业务成本的内容和计算方法是否符合会计准则规定，前后期是否一致(注3)	√	√	√			
3. 抽查主营业务成本结转明细清单，比较计入主营业务成本的品种、规格、数量和主营业务收入的口径是否一致，是否符合配比原则	√	√				
4. 结合期间费用的审计，判断被审计单位是否通过将应计入生产成本的支出计入期间费用，或将应计入期间费用的支出计入生产成本等手段调节生产成本，从而调节主营业务成本	√	√				
三、列报						
检查营业收入/营业成本是否已按照企业会计准则的规定在财务报表中作出恰当列报						√

注1：《会计监管风险提示第4号——首次公开发行股票公司审计》(证监办发〔2012〕89号)特别要求：①对于IPO业务，如果发行人毛利率与同行业公司相比明显偏高且与行业发展状况不符、存货余额较大、存货周转率较低，审计人员应核查发行人是否存在通过少转成本虚增毛利润的行为。如发行人为满足高新技术企业认定条件，将应计入生产成本项目的支出在管理费用的研发费用中核算和列报。②对于IPO业务，如果发行人报告期期末毛利率变动较大或者与同行业上市公司平均毛利率差异较大，审计人员应当采用定性分析与定量分析相结合的方法，从发行人行业及市场变化趋势、产品销售价格和产品成本要素等方面对发行人毛利率变动的合理性进行核查。

注2：《会计监管风险提示第4号——首次公开发行股票公司审计》(证监办发〔2012〕89号)特别要求：对于IPO项目，应分析申报期内发行人在不同销售模式(特别是创新模式)下收入确认方式是否恰当。

注3：《会计监管风险提示第4号——首次公开发行股票公司审计》(证监办发〔2012〕89号)特别要求：对于IPO项目，应关注发行人成本核算的会计政策是否符合发行人实际经营情况。

【资料5-2】

应收账款的实质性程序，如表5-2所示。

表5-2　应收账款的实质性程序

被审计单位：		财务报表截止日/期间：			索引号：	
编制人：　　　　日期：		复核人：　　　　日期：				

		财务报表认定				
审计目标		存在	完整性	权利和义务	计价和分摊	列报
A	资产负债表中记录的应收账款是存在的	√				
B	所有应当记录的应收账款均已记录		√			
C	记录的应收账款由被审计单位拥有或控制			√		
D	应收账款以恰当的金额包括在财务报表中，与之相关的计价调整已恰当记录				√	
E	应收账款已按照企业会计准则的规定在财务报表中作出恰当列报					√

（续表）

计划实施的实质性程序	存在	完整性	权利和义务	计价和分摊	列报
1. 获取或编制应收账款明细表 （1）复核加计是否正确，并与总账数和明细账合计数核对是否相符；结合"坏账准备"科目与报表数核对是否相符 （2）检查非记账本位币应收账款的折算汇率及折算是否正确 （3）分析有贷方余额的项目并查明原因，必要时作重分类调整 （4）结合其他应收款、预收账款等往来项目的明细余额，调查有无同一客户多处挂账、异常余额或与销售无关的其他款项（如代销账户、关联方账户或雇员账户）。如有，应作记录，必要时作调整 （5）标识重要的欠款单位，计算其欠款合计数占应收账款余额的比例				✓	
2. 对与应收账款的相关财务指标进行分析 （1）复核应收账款借方累计发生额与主营业务收入是否配比，并将当期应收账款借方发生额占销售收入净额的百分比与管理层考核指标进行比较，如存在差异应查明原因 （2）计算应收账款周转率、应收账款周转天数等指标，并与被审计单位以前年度指标、同行业同期相关指标进行对比分析，检查是否存在重大异常 （3）对"应收账款"贷方发生额进行整体分析，将"应收账款"贷方发生额合计数与"银行存款"中相应账户的借方发生额合计数进行核对分析，以发现应收账款回收中货币资金流入总额；将"应收账款"贷方发生额中结转应收票据的部分与应收票据借方发生额进行对比分析，核实应收票据来源及背书、贴现情况，是否存在通过（特定）关联方虚构交易的可能性；分析"应收账款"贷方发生额中结转其他资产，通过债务重组转出的部分，是否存在将虚构交易产生的应收账款转入实物资产、其他往来或通过债务重组核销确认非经营性损失的可能性（注1）	✓	✓		✓	
3. 获取或编制应收账款账龄分析表 （1）测试计算的准确性 （2）将加总数与"应收账款"总分类账余额相比较，并调查重大调节项目 （3）检查原始凭证，如销售发票、运输记录等，测试账龄核算的准确性 （4）请被审计单位协助，在应收账款明细表上标出至审计时已收回的应收账款金额，对已收回金额较大的款项进行常规检查，如核对收款凭证、银行对账单、销货发票等，并注意凭证发生日期的合理性，分析收款时间是否与合同相关要素一致				✓	

（续表）

计划实施的实质性程序	存在	完整性	权利和义务	计价和分摊	列报
4. 评价坏账准备计提的适当性 （1）取得或编制坏账准备计算表，复核加计正确，与坏账准备总账数、明细账合计数核对相符。将应收账款坏账准备本期计提数与资产减值损失相应明细项目的发生额核对，是否相符 （2）检查应收账款坏账准备计提和核销的批准程序，取得书面报告等证明文件。评价计提坏账准备所依据的资料、假设及方法；复核应收账款坏账准备是否按经股东（大）会或董事会批准的既定方法和比例提取，其计算和会计处理是否正确 （3）在账龄分析表中，选取认为必要的其他账户（如有收款问题记录的账户和收款问题行业集中的账户）。复核并测试所选取账户期后收款情况。针对所选取的账户，与授信部门经理或其他负责人员讨论其可收回性，并复核往来函件或其他相关信息，以支持被审计单位就此作出的声明。针对坏账准备计提不足的情况进行调整 （4）实际发生坏账损失的，检查转销依据是否符合有关规定，会计处理是否正确 （5）已经确认并转销的坏账重新收回的，检查其会计处理是否正确 （6）通过比较前期坏账准备计提数和实际发生数，以及检查期后事项，评价应收账款坏账准备计提的合理性				✓	
5. 抽查有无不属于结算业务的债权 　　抽查应收账款明细账，并追查至有关原始凭证，查证被审计单位有无不属于结算业务的债权。如有，应建议被审计单位作适当调整	✓				
6. 截止性测试	✓				
7. 复核相关账簿 　　复核应收账款和相关总分类账、明细分类账和现金日记账，调查异常项目。对大额或异常及关联方应收账款，即使回函相符，仍应抽查其原始凭证	✓				
8. 确定应收账款是否已按照企业会计准则的规定恰当列报					✓

　　注1：《会计监管风险提示第4号——首次公开发行股票公司审计》（证监办发〔2012〕89号）特别要求：对于IPO项目，如果发行人应收账款余额较大，或者应收账款增长比例高于销售收入的增长比例，审计人员应当分析具体原因，并通过扩大函证比例、增加大客户访谈、增加截止测试和期后收款测试的比例等方式，加强应收账款的实质性测试程序。

【资料5-3】

应收账款引导表,如表5-3所示。

表5-3　应收账款引导表①

被审计单位:			财务报表截止日/期间:		索引号:		
编制人:		日期:	复核人:		日期:		

项目	期初余额	期末余额			变动比例	期末账龄检查	索引号
		调整前	审计调整	调整后			
一、账面余额							
1年以内	44 508 132.62	22 101 948.13	7 707 691.09	29 809 639.22	−33.02%		
1~2年	1 956 971.00	21 432 663.65		21 432 663.65	995.20%		
2~3年	1 457 622.04	1 255 586.65		1 255 586.65	−13.86%		
3~4年		1 234 731.14		1 234 731.14	不适用		
4年以上							
账面余额合计	47 922 725.66	46 024 929.57	7 707 691.09	53 732 620.66	12.12%		
二、坏账准备							
1年以内	2 151 971.32		1 341 031.33	1 341 031.33	−37.68%		
1~2年	293 545.65	2 151 971.32	1 062 928.23	3 214 899.55	995.20%		
2~3年	437 286.61	293 545.65	83 130.35	376 676.00	−13.86%		
3~4年		437 286.61	180 078.96	617 365.57	不适用		
4年以上							
坏账准备合计	2 882 803.58	2 882 803.58	2 667 168.87	5 549 972.45	92.52%		
三、账面净值							
1年以内	42 356 161.30	22 101 948.13	6 366 659.76	28 468 607.89	−32.79%		
1~2年	1 663 425.35	19 280 692.33	−1 062 928.23	18 217 764.10	995.20%		
2~3年	1 020 335.43	962 041.00	−83 130.35	878 910.65	−13.86%		
3~4年		797 444.53	−180 078.96	617 365.57	不适用		
4年以上							
账面净值合计	45 039 922.08	43 142 125.99	5 040 522.22	48 182 648.21	6.98%		

注:按照账龄分析法计提坏账准备,1年以内(含1年)计提比例5%,1~2年(含2年)计提比例15%,2~3年(含3年)计提比例30%,3~4年(含4年)计提比例50%,4年以上计提比例80%。

审计结论:

---

① 本书各类审计表格,除特殊说明外,金额单位均默认为元。

【资料 5-4】

往来询证函　　　　　索引号：×××

B 铝业股份有限公司：

　　本公司聘请的 A 会计师事务所（特殊普通合伙）正在对本公司 2021 年度财务报表进行审计，按照中国注册会计师审计准则的要求，应当询证本公司与贵公司的往来账项等事项。下列信息出自本公司账簿记录，如与贵公司记录相符，请在本函下端"信息证明无误"处签章证明；如有不符，请在"信息不符"处列明不符项目；如存在与本公司有关的未列入本函的其他项目，也请在"信息不符"处列出这些项目的金额及详细资料。

　　回函请直接寄至：A 会计师事务所（特殊普通合伙）童小菲（收）

　　回函地址：湖南省长沙市天心区迎新路 2468 号

　　邮编：410005　电话：139＊＊＊＊2233　传真：0731-82＊＊＊69

　　发函人签名：童小菲

　　1. 本公司与贵公司的往来账

　　本公司与贵公司的往来账如表 5-4 所示。

表 5-4　本公司与贵公司的往来账

截止日期	贵公司欠本公司	本公司欠贵公司	备注
2021 年 12 月 31 日	831 049.36 元		应收账款

　　2. 本公司与贵公司的交易情况

　　本公司与贵公司的交易情况，如表 5-5 所示。

表 5-5　本公司与贵公司的交易情况

截止日期	向贵公司提供劳务	向贵公司购货	备注
2021 年度	3 159 650.03 元		含税价

　　3. 其他事项

　　本函仅为复核账目之用，并非催款结算。若款项在上述日期之后已经付清，仍请及时函复为盼。

C 物流股份有限公司

（被审单位盖章）

2022 年 1 月 15 日

以下仅供被询证单位使用

结论:

1. 信息证明无误	2. 信息不符,请列明不符项目及内容
公司盖章: 　　　　年　月　日 经办人:	公司盖章: 　　　　年　月　日 经办人:

【资料 5-5】

函证余额调节表——D 有限公司,如表 5-6 所示。

表 5-6　函证余额调节表——D 有限公司

被审计单位:C 物流股份有限公司	索引号:	ZA6-3-13-1	页次:	
项目:应收账款	编制人:	谢小珍	日期:	2022 年 3 月 19 日
财务报表截止日/期间:2021-12-31	复核人:	张小乐	日期:	2022 年 4 月 10 日

被询证单位:D 有限公司

回函日期:2022 年 2 月 18 日

1. 被询证单位回函余额:					368 413.41

2. 减:被询证单位已记录项目

序号	日期	摘要/差异原因(存在争议的项目等)	凭证号	金额
1				
...				

3. 加:被审计单位已记录项目

序号	日期	摘要/差异原因(运输途中、存在争议的项目等)	凭证号	金额
1		税费差异		36.09
...				

4. 调节后金额					368 449.50
5. 被审计单位账面金额					368 449.50

审计说明:被审计单位发函金额 368 449.50 元,被询证单位回函金额 368 413.41 元,差异系税费所致,由于差异较小,对财务报表不重要,故暂时不予以调整。

【资料 5-6】

函证余额调节表——E 有限公司,如表 5-7 所示。

表 5-7　函证余额调节表——E 有限公司

被审计单位:C 物流股份有限公司	索引号:	ZA6-3-13-2	页次:	
项目:应收账款	编制人:	谢小珍	日期:	2022 年 3 月 19 日
财务报表截止日/期间:2021-12-31	复核人:	张小乐	日期:	2022 年 4 月 10 日

被询证单位:E 有限公司

回函日期:2022 年 2 月 20 日

1. 被询证单位回函余额:					312 539.60

2. 减:被询证单位已记录项目

序号	日期	摘要/差异原因(存在争议的项目等)	凭证号	金额
1		被询证单位于 2022 年 1 月开出承兑汇票,由于印章不清楚,需出具证明		− 100 000.00
...				

3. 加:被审计单位已记录项目

序号	日期	摘要/差异原因(运输途中、存在争议的项目等)	凭证号	金额
1				
...				

4. 调节后金额					412 539.60
5. 被审计单位账面金额					412 539.60

审计说明:被审计单位发函金额 412 539.60 元,被询证单位回函金额为 312 539.60 元,差异金额 10 万元,系客户于 1 月份开出银行承兑汇票 10 万元,由于印章不清楚,需开具证明,被审计单位于 3 月份收到证明银行承兑汇票并于 3 月份入账,产生入账时间差异所致。

【资料 5-7】

替代测试——F 有限公司,如表 5-8 所示。

表 5-8　替代测试——F 有限公司

被审计单位:C 物流股份有限公司	索引号:	ZA6-4-3	页次:	
项目:应收账款	编制人:	谢小珍	日期:	2022 年 3 月 19 日
财务报表截止日/期间:2021-12-31	复核人:	张小乐	日期:	2022 年 4 月 10 日

单位名称:F 有限公司

一、年初余额

（续表）

二、借方发生额

		借方入账金额			检查内容			
序号	日期	凭证号	摘要	金额	1	2	3	4
1	20210331	728	运输:F有限公司	147 500.00	√	√	√	√
2	20210430	927	运输:F有限公司	234 000.00	√	√	√	√
3	20210630	1256	运输:F有限公司	295 000.00	√	√	√	√
小计				676 500.00				
测试金额占全年借方发生额的比例				100.00%				

三、贷方发生额

		贷方入账金额			检查内容			
序号	日期	凭证号	摘要	金额	1	2	3	4
1	20210523	1013	光大银行 800908310801	234 000.00	√	√	√	√
2	20210611	1190	光大银行 800908310801	147 500.00	√	√	√	√
3	20210725	1677	光大银行 800908310801	295 000.00	√	√	√	√
小计				676 500.00				
测试金额占全年贷方发生额的比例				100.00%				

检查内容说明:①原始凭证是否齐全;②记账凭证与原始凭证是否相符;③账务处理是否正确;④是否记录于恰当的会计期间

编制说明:

1. 替代程序的实施范围基于我们的风险评估。如果我们已确定依赖现金收款系统,那么我们的程序可能仅限于复核顾客明细账户余额的变动以获取期后付款的证据;如果确定不依赖现金收款系统,则替代程序可包括以下内容:

(1) 复核函证日后的收款并检查它们是否有支票、汇款单或银行进账单作为证明。追查发票号码和收款金额至顾客明细账户的记录。将收款金额追查至现金收款记录,并从现金收款记录进一步追查至银行进账单。应当注意确定期后收款是否与函证日前的销售业务相关,以及付款人是否为相关的顾客(应收账款的"存在性"和"计价"认定)。

(2) 检查销售业务所对应的顾客原始订单(应收账款的"存在性"和"计价"认定)。

(3) 通过检查发货记录,确定向客户开出发票的货物在函证日前已发运。

(4) 如对应收款项是否真实有疑问,应采取合理的步骤验证账面所示的债权确实存在(应收账款的"存在性"认定)。

2. 对期末余额支持性证据检查范围的基本要求:如果客户与其顾客没有就某一笔收款系偿还哪一笔销售业务对应的欠款作出约定,一般采用"先发生先收回"的假定。此时,可以按照构成期末余额的销售业务,按时间顺序从后往前推,确保所检查销售业务的金额大于或等于应收账款的期末余额;如果对所偿还的欠款作出个别认定的,则基于个别认定法确定期末余额与销售业务的对应关系,相应进行测试。

五、延伸思考

（1）销售与收款循环的关键控制点有哪些？销售与收款循环的重大错报风险可能包括哪些方面？

（2）销售与收款循环审计中需要审查的凭证和会计记录有哪些？

（3）销售截止性测试的意义是什么？如何实施销售截止性测试？

（4）注册会计师如何考虑应收账款函证的范围或规模？如果未收到回函，注册会计师如何实施替代程序？

（5）针对与关联方关系及其交易相关的重大错报风险的应对措施包括哪些方面？

案例六　房地产行业存货审计

一、案例分析目标

相比传统意义上的存货，房地产行业的存货具有建造周期较长、成本项目类别较多、资金需求量大、资金来源渠道广等特点。所以，房地产企业往往具有更高的经营风险和财务风险。房地产行业涉及开发商、建造商、第三方监理、原料供货方、银行、业主和当地政府部门等诸多利益相关方，利益关系的复杂性加大了房地产存货的审计风险。在实务中，注册会计师需要审查房地产存货的存在、完整性和列报，重点关注房地产存货成本的计价与分摊、借款费用资本化问题以及存货计量模式的选择与转换。

通过本案例分析，读者应了解房地产行业存货审计的主要工作内容和侧重点，熟悉工作流程，掌握各种审计工作底稿的编制程序和方法，能够针对特定案例评价房地产存货会计处理的合规性与公允性。

二、案例分析中涉及的主要审计准则

(1)《中国注册会计师审计准则第 1141 号——财务报表审计中与舞弊相关的责任》。

(2)《中国注册会计师审计准则第 1311 号——对存货、诉讼和索赔、分部信息等特定项目获取审计证据的具体考虑》。

(3)《中国注册会计师审计准则第 1421 号——利用专家的工作》。

(4)《中国注册会计师审计准则第 1251 号——评价审计过程中识别出的错报》。

(5)《中国注册会计师审计准则第 1401 号——对集团财务报表审计的特殊考虑》。

三、案例分析提示

房地产行业存货审计实务中存在的难点主要包括以下几个方面。

1. 土地成本的完整性

房地产存货的土地成本除了体现为以货币形式支付的土地出让金、拆迁补偿款之外，还可能存在非货币形式的义务。例如,约定在项目完工后需要按指定价格向指定方销售特定数量的商品房等。很多企业在核算中会忽视这些非货币义务对财务报表的影响,从而出现错报。

2. 因延期支付土地出让金所产生的利息及滞纳金

房地产项目的土地出让金支出金额通常较大,企业可能分期支付土地出让金。延期支付期间,企业需向国土资源部门缴纳同期银行借款利息;如果未能按期支付土地出让金,企业还可能需要缴纳滞纳金。对于符合土地出让合同约定而延期支付的土地出让金,企业可以进行资本化;因违反土地出让合同延期付款而产生的不符合资本化要求的罚息及滞纳金,则需列入营业外支出。

3. 并购形式下的存货成本

以购买企业股权形式取得开发项目时,注册会计师应复核股权收购协议、合作框架协议等,分析被收购项目是否构成业务。

4. 存货成本的计提

房地产行业存货建造过程中的付款及结算通常滞后于施工进度,而施工过程中经常出现的洽商变更,也会进一步拉长付款时间。为了保证资产及负债的完整,企业在资产负债表日需要对存货成本进行合理计提,确保成本计提的完整性和准确性。

5. 配套设施

配套设施是指企业根据城市建设规划的要求,或开发项目建设规划的要求,为满足居住的需要而与开发项目配套建设的各种服务性设施,如道路、绿地、学校、车位等。配套设施的设计规范、建设标准和移交规定,通常由各地方政府按照当地实际情况进行规范。因此,不同配套设施的成本归集和分摊方式也会存在明显差异。实务中,关于配套设施核算发生错报的风险通常较高。

6. 借款费用资本化

专项借款和一般借款的利息资本化原则各不相同。实务操作中,借款费用资本化的起止时间、资本化的借款范围等,是容易发生错报的领域。对房地产集团公司进行审计时,注册会计师还需要考虑集团层面资金投入及调拨对合并财务报表中利息资本化金额的影响。

四、案例资料

【资料 6-1】

存货的实质性程序,如表 6-1 所示。

表 6-1　存货的实质性程序

被审计单位：		财务报表截止日/期间：		索引号：
编制人：	日期：	复核人：	日期：	

审计目标		财务报表认定				
		存在	完整性	权利和义务	计价和分摊	列报
A	资产负债表中记录的存货是存在的	√				
B	所有应当记录的存货均已记录		√			
C	记录的存货由被审计单位拥有或控制			√		
D	存货以恰当的金额包括在财务报表中,与之相关的计价调整已恰当记录				√	
E	存货已按照企业会计准则的规定在财务报表中作出恰当列报					√

计划实施的实质性程序	存在	完整性	权利和义务	计价和分摊	列报
1. 获取或编制存货明细表,复核加计是否正确,并与总账数和明细账合计数核对是否相符,结合"在建工程减值准备"科目和报表数核对是否相符				√	
2. 检查存货的本期增加 (1) 检查历年土地使用权的增加情况,检查政府无偿注入土地批文、评估报告;检查土地使用权原件 (2) 检查本年度增加的代建项目的原始凭证是否完整,如立项申请、工程借款合同、施工合同、发票、工程物资请购申请、付款单据、建设合同、运单、验收报告等是否完整,计价是否正确	√	√	√	√	
3. 检查代建项目的本期增减 (1) 检查市政府关于代建项目回购的通知及回购项目基本情况 (2) 检查市财政局与本公司关于市政工程项目的回购协议,与本期代建项目减少数核对	√	√	√		

(续表)

计划实施的实质性程序	存在	完整性	权利和义务	计价和分摊	列报
4. 利用第三方监理的工作 (1) 检查管理层是否定期取得第三方监理报告 (2) 检查监理报告是否已由施工方、监理公司和开发商三方审核后签字确认并妥善保存 (3) 对监理公司的资质进行了解,评价其专业胜任能力、专业素质和客观性 (4) 对于在建项目,取得报告期末的项目监理报告,并结合对项目现场工程进度的观察,复核监理报告的工程进度是否存在重大不合理 (5) 结合工程合同台账,检查企业是否根据合同签订及结算情况,定期对项目总成本预算进行复核及更新;复核项目总预算的合理性 (6) 结合项目成本预算及工程合同台账,复核在建项目期末监理报告的工程报量金额是否存在重大遗漏或是不合理 (7) 将监理报量的造价金额与存货及应付账款明细账核对,确认在建项目工程报量是否已经正确计提,必要时考虑利用专家的工作 (8) 必要时,考虑对监理公司实施函证 (9) 对于完工项目,复核项目总成本与工程合同台账的差异,逐项分析差异原因,以确认是否存在遗漏或是超额计提的成本项目	√	√	√	√	
5. 实施代建项目实地检查程序(部分)	√				
6. 根据评估的舞弊风险等因素增加的审计程序					
7. 借款费用资本化测试 (1) 复核企业提供的项目开工的支持性文件,以判断企业开始借款费用资本化的时点是否正确 (2) 复核企业对于专项借款和一般借款的划分是否正确,与专项借款和一般借款相对应的利息支出是否按照各自的资本化原则进行核算 (3) 检查企业是否按照会计准则规定对汇兑差额及辅助费用进行了正确核算 (4) 考虑集团层面资金投入及调拨对于合并财务报表中利息资本化金额的影响				√	
8. 检查在建工程是否已按照企业会计准则的规定在财务报表中作出恰当列报					√

【资料6-2】

存货审定表,如表6-2所示。

表6-2 存货审定表

被审计单位：

编制人： 日期：

复核人： 日期：

财务报表截止日/期间：

索引号：

项目	期初余额			借方发生额	贷方发生额	期末余额			未审数变动额
	未审数	调整数	审定数			未审数	调整数	审定数	
一、账面余额									
1.开发成本	1 923 929 464.00		1 923 929 464.00	1 322 643 081.05	336 933 030.04	2 909 639 515.01		2 909 639 515.01	
2.存量土地	2 979 331 594.00		2 979 331 594.00	65 860 000.00		3 045 191 594.00		3 045 191 594.00	
3.库存商品									
合计	4 903 261 058.00		4 903 261 058.00	1 388 503 081.05	336 933 030.04	5 954 831 109.01		5 954 831 109.01	
二、跌价准备									
1.开发成本									
2.存量土地									
3.库存商品									
合计									
三、账面净值									
1.开发成本	1 923 929 464.00		1 923 929 464.00			2 909 639 515.01		2 909 639 515.01	
2.存量土地	2 979 331 594.00		2 979 331 594.00			3 045 191 594.00		3 045 191 594.00	
3.库存商品									
合计	4 903 261 058.00		4 903 261 058.00	1 388 503 081.05	336 933 030.04	5 954 831 109.01		5 954 831 109.01	

审计说明：存货包括开发成本和存量土地；总账、明细账、报表数核对一致；检查凭证、文件及相关合同附件未见异常。

【资料6-3】

利息资本化金额核对表,如表6-3所示。

表6-3 利息资本化金额核对表

被审计单位:		索引号:		
财务报表截止日/期间:				
编制人:	日期:	复核人:	日期:	
利息发生单位	科目	账面实计利息(资本化部分)		
		实际分配金额	借款底稿金额	差异
集团公司	短期借款	8 415 080.48	8 415 080.48	
	长期借款	104 589 318.70	104 589 318.70	
	长期应付款	24 299 004.45	24 299 004.45	
子公司A	短期借款	2 718 749.97	2 718 749.97	
	长期借款	10 421 975.32	10 421 975.32	
	长期应付款	2 170 549.18	2 170 549.18	
合计		152 614 678.10	152 614 678.10	

【资料6-4】

存货减值迹象判断表,如表6-4所示。

表6-4 存货减值迹象判断表

被审计单位:		索引号:		
财务报表截止日/期间:				
编制人:	日期:	复核人:	日期:	
序号	减值迹象		判断	备注
1	是否存在资产市价当期大幅度下跌,其跌幅大大高于因时间的推移或者正常使用而预计的下跌,并且预计在近期内不可能恢复			
2	是否存在企业经营所处的经济、技术或者法律等环境以及资产所处的市场在当期或者将在近期发生重大变化,从而对企业产生不利影响的情况			
3	是否存在市场利率或其他市场投资报酬率在当期已经提高,从而影响企业计算资产预计未来现金流量现值的折现率,导致资产可收回金额大幅度降低的迹象			
4	是否存在存货预计使用方式发生重大不利变化,如企业计划终止或重组该资产所属的经营业务、提前处置资产等情形,从而对企业产生负面影响			
5	是否有证据表明资产已经陈旧过时或者其实体已经损坏的情况			
6	是否存在企业内部报告的证据表明资产的经济绩效已经低于或者将低于预期,如资产所创造的净现金流量或者实现的营业利润(或者亏损)远远低于(或者高于)预计金额等情况			
7	其他有可能表明资产已发生减值的情况			

【资料 6-5】

代建项目检查表——机场快速通道项目，如表 6-5 所示。

表 6-5 代建项目检查表——机场快速通道项目

被审计单位：　　　　　　　　　　　　　财务报表截止日/期间：　　　　　　　　　索引号：

编制人：　　　　日期：　　　　复核人：　　　　日期：

凭证日期	凭证号	业务内容	金额	对应科目	核对内容			
					1	2	3	4
20210430	53	征地拆迁资金	25 000 000.00	银行存款				
20211228	108	被征地农民社保金	57 973 650.00	应付账款				
20210731	74	省林业厅森林植被恢复费	10 625 768.00	长期应付款				
20210228	27	土地征用及迁移补偿费	10 080 000.00	长期应付款				
20210524	40	公路杆线迁改补偿款	1 128 043.20	银行存款				
20210630	89	冲销征地拆迁资金	10 000 000.00	预付账款				
20210630	89	征地拆迁资金	10 000 000.00	应付账款				
20210930	68	征地拆迁资金	10 000 000.00	长期应付款				
20210930	106	预付省城建市政工程有限公司	10 000 000.00	长期应付款				
20211031	81	划转征地拆迁前期预付款	10 000 000.00	长期应付款				
20211228	108	计提被征地农民社会保障金	57 973 650.00	应付账款				

核对内容：①原始凭证是否齐全；②记账凭证与原始凭证是否相符；③账务处理是否正确；④是否记录于恰当的会计期间。

五、延伸思考

（1）房地产存货成本由哪些部分构成？

（2）投资性房地产的计量模式有哪几种？如何评价投资性房地产计量模式的转换是否恰当？

（3）如何判断房地产存货是否存在减值迹象？

（4）在房地产企业，借款费用资本化的条件有哪些？

案例七　制造企业存货审计

一、案例分析目标

存货是企业经营中的主要资产之一,涵盖面较广。在日常活动中持有以备出售的产成品或商品、处在生产过程中的在产品、在生产过程或提供劳务过程中耗用的材料或物料等都属于存货。存货的流转经过采购、储存、生产、销售、运输等业务部门和业务环节,每一个部门和环节都有可能出现管理上的偏差。在存货会计核算中,涉及大量会计凭证和会计账户。存货的这些特点,决定了其审计的复杂性。注册会计师需要在熟悉存货会计核算、相关内部控制和审计要求的基础上,评估重大错报风险,实施必要的审计程序,以实现存货审计的目标。

通过本案例分析,读者应了解存货审计的主要工作内容和侧重点,熟悉工作流程,掌握各种审计工作底稿的编制程序和方法,能够针对特定案例评价存货会计处理的合规性与公允性。

二、案例分析中涉及的主要审计准则

(1)《中国注册会计师审计准则第 1141 号——财务报表审计中与舞弊相关的责任》。

(2)《中国注册会计师审计准则第 1251 号——评价审计过程中识别出的错报》。

(3)《中国注册会计师审计准则第 1311 号——对存货、诉讼和索赔、分部信息等特定项目获取审计证据的具体考虑》。

(4)《中国注册会计师审计准则第 1421 号——利用专家的工作》。

三、案例分析提示

1. 评估重大错报风险需要考虑的因素

(1) 管理层为了完成经营目标,可能存在错报成本以调节利润的偏好。

(2) 出于生产工艺特点和管理要求的考虑,被审计单位对不同存货选择了不同的成本计算方法;多种产品生产中可能经过某些相同的工艺、消耗了相同的材料和加工费,需要选择恰当的标准在多种产品之间分配共同成本,这些都加大了存货成本计算的复杂性。

（3）因为生产经营存在地域上的分散性,被审计单位的存货可能存放在不同地点,且需要在不同地点之间调拨存货,增加了存货在途毁损的风险,也提高了注册会计师存货监盘的难度。

（4）被审计单位的存货可能面向不同特点的市场,可变现净值难以确定并统一,提高了存货跌价准备核算的难度。

2. 实施分析程序的主要内容

（1）对比被审计单位前后各期存货的余额及构成、生产成本项目明细数与单位成本、成本差异率、营业成本总额与单位成本,判断被审计单位存货成本的稳定性及总体上的合理性。

（2）对比被审计单位前后各期销售额和存货周转速度。

（3）了解被审计单位与关联企业存货交易的频率、规模与结算条件,并与其他企业对比,判断被审计单位是否利用关联交易虚构业务、调节利润。

四、案例资源

【资料 7-1】

存货的实质性程序,如表 7-1 所示。

表 7-1　存货的实质性程序

被审计单位：		财务报表截止日/期间：			索引号：	
编制人：	日期：	复核人：		日期：		
审计目标		财务报表认定				
		存在	完整性	权利和义务	计价和分摊	列报
A	资产负债表中记录的存货是存在的	√				
B	所有应当记录的存货均已记录		√			
C	记录的存货由被审计单位拥有或控制			√		
D	存货以恰当的金额包括在财务报表中,与之相关的计价调整已恰当记录				√	
E	存货已按照企业会计准则的规定在财务报表中作出恰当列报					√
计划实施的实质性程序		存在	完整性	权利和义务	计价和分摊	列报
1.获取或编制存货明细表,复核加计正确并与总账数、报表数及明细账合计数核对是否相符		√	√		√	

计划实施的实质性程序	存在	完整性	权利和义务	计价和分摊	列报
2. 对存货的相关会计政策进行了解,评价其是否符合企业适用的会计准则或制度,是否与以前年度保持一贯性				√	
3. 对各类存货的数量、计价以及账务处理的查验 (1) 对原材料的数量、计价以及账务处理的查验 (2) 对库存商品及产成品的数量、计价以及账务处理查验 (3) 对发出商品的数量、计价以及账务处理的查验 (4) 对委托加工物资的数量、计价以及账务处理的查验 (5) 对生产成本的数量、计价以及账务处理的查验 (6) 对劳务成本的数量、计价以及账务处理的查验 (7) 对周转材料的数量、计价以及账务处理的查验 (8) 对其他类存货的数量、计价以及账务处理的查验	√	√	√	√	
4. 实施存货截止测试	√				
5. 查验存货跌价准备 (1) 获取和编制存货跌价准备明细表,并与总账和明细账核对相符 (2) 检查存货跌价准备计提和核销程序,评价存货跌价准备的计提依据和计提方法是否合理,是否充分考虑了持有存货的目的和资产负债表日后事项的影响等因素 (3) 对比本期实际损失发生额与前期存货跌价准备余额,评价计提存货跌价准备的合理性 (4) 关注已计提跌价准备后又恢复价值的存货,检查转回依据是否充分、会计处理是否正确					
6. 存货监盘或抽盘					
7. 检查存货是否已按照企业会计准则的规定在财务报表中作出恰当列报 (1) 各类存货的期初和期末账面价值 (2) 确定发出存货成本所采用的方法 (3) 存货可变现净值的确定依据,存货跌价准备的计提方法,当期计提的存货跌价准备的金额,当期转回的存货跌价准备的金额,以及计提和转回的有关情况 (4) 用于担保的存货账面价值					√

【资料7-2】

存货审定表,如表7-2所示。

表7-2 存货审定表

被审计单位:　　　　　　　　　　　　　　财务报表截止日/期间:　　　　　　　　　　　索引号:

编制人:　　　日期:　　　　　　复核人:　　　日期:

项目	期初余额			借方发生额	贷方发生额	期末余额			未审数变动额
	未审数	调整数	审定数			未审数	调整数	审定数	
一、账面余额									
原材料	24 303 259.44		24 303 259.44	145 903 455.26	145 194 297.00	25 012 417.70		25 012 417.70	709 158.26
材料成本差异			356.41	578 141.90	578 141.90				
在途物资				7 470 206.15	3 908 443.10	3 562 119.46		3 562 119.46	3 561 763.05
周转材料	575 513.29		575 513.29	2 280 342.82	2 167 928.71	687 927.40		687 927.40	112 414.11
低值易耗品									
包装物									
库存商品	24 847 457.25		24 847 457.25	159 293 760.89	156 470 660.91	27 670 557.23		27 670 557.23	2 823 099.98
在产品									
生产成本	4 960 113.37		4 960 113.37	188 788 528.01	187 828 202.89	5 920 438.49		5 920 438.49	960 325.12
委托加工物资				15 897.44	13 670.44	2 227.00		2 227.00	2 227.00
发出商品	2 424 327.03		2 424 327.03	10 765 265.66	11 448 971.76	1 740 620.93		1 740 620.93	-683 706.10
合计	57 111 026.79		57 111 026.79	515 095 598.13	507 610 316.71	64 596 308.21		64 596 308.21	7 485 281.42
二、跌价准备									
原材料				638 407.98	638 407.98	638 407.98		638 407.98	638 407.98
材料成本差异									
在途物资									

（续表）

项目	期初余额			借方发生额	贷方发生额	期末余额			未审数变动额
	未审数	调整数	审定数			未审数	调整数	审定数	
周转材料									
低值易耗品									
包装物									
库存商品	1 573 763.35		1 573 763.35	1 481 334.46		92 428.89		92 428.89	-1 481 334.46
生产成本									
劳务成本									
委托加工物资									
发出商品									
合计	1 573 763.35		1 573 763.35	1 481 334.46	638 407.98	730 836.87		730 836.87	-842 926.48
三、账面净值									
原材料	24 303 259.44		24 303 259.44	145 903 455.26	144 555 889.02	24 374 009.72		24 374 009.72	70 750.28
材料成本差异				578 141.90	578 141.90				
在途物资	356.41		356.41	7 470 206.15	3 908 443.10	3 562 119.46		3 562 119.46	3 561 763.05
周转材料	575 513.29		575 513.29	2 280 342.82	2 167 928.71	687 927.40		687 927.40	112 414.11
低值易耗品									
包装物									
库存商品	23 273 693.90		23 273 693.90	157 812 426.43	156 470 660.91	27 578 128.34		27 578 128.34	4 304 434.44
生产成本	4 960 113.37		4 960 113.37	188 788 528.01	187 828 202.89	5 920 438.49		5 920 438.49	960 325.12
委托加工物资				15 897.44	13 670.44	2 227.00		2 227.00	2 227.00
发出商品	2 424 327.03		2 424 327.03	10 765 265.66	11 448 971.76	1 740 620.93		1 740 620.93	-683 706.10
合计	55 537 263.44		55 537 263.44			63 865 471.34		63 865 471.34	8 328 207.90

【资料 7-3】

存货原材料明细账(部分),如表 7-3 所示。

表 7-3 存货原材料明细账(部分)

项目	计量单位	数量	单价	未审金额	审计调整	审定数
原材料——中药材						
物料:熟地黄	千克	541.90	11.53	6 249.46		6 249.46
物料:苦丁茶	千克	726.10	47.37	34 392.09		34 392.09
物料:干姜	千克	290.45	14.70	4 269.60		4 269.60
物料:鹿茸	千克	2.71	1 755.31	4 756.89		4 756.89
物料:鹿角胶	千克	45.05	1 623.93	73 158.12		73 158.12
物料:党参	千克	225.76	15.68	3 540.47		3 540.47
物料:山药	千克	342.40	8.66	2 966.32		2 966.32
物料:制何首乌	千克	183.00	20.27	3 710.01		3 710.01
物料:茯苓粉	千克	267.75	15.36	4 112.55		4 112.55
物料:炒白芍	千克	83.00	15.04	1 248.67		1 248.67
物料:麦冬	千克	80.00	37.15	2 971.91		2 971.91
物料:当归	千克	535.00	34.73	18 578.61		18 578.61
物料:白芍	千克	535.00	21.39	11 444.73		11 444.73
物料:甘草	千克	129.50	13.20	1 709.94		1 709.94
物料:丹参	千克	279.50	22.76	6 360.29		6 360.29
物料:栀子	千克	172.00	17.48	3 006.19		3 006.19
物料:小红参	千克	54.00	75.22	4 061.95		4 061.95
物料:白术	千克	28.00	69.03	1 932.74		1 932.74
物料:辣椒	千克	813.80	36.13	29 405.56		29 405.56
物料:青黛	千克	26.30	74.88	1 969.32		1 969.32
物料:天麻	千克	16.60	235.14	3 903.32		3 903.32
物料:金银花	千克	60.00	77.88	4 672.57		4 672.57
物料:人参	千克	5.62	495.30	2 784.59		2 784.59
物料:柴胡	千克	121.50	39.41	4 788.71		4 788.71
物料:黄连	千克	15.00	141.56	2 123.46		2 123.46
物料:丁香叶	千克	137.50	21.62	2 972.68		2 972.68
物料:黄芩	千克	79.84	35.05	2 798.25		2 798.25

（续表）

项目	计量单位	数量	单价	未审金额	审计调整	审定数
物料:黄芩	千克	109.00	24.78	2 700.87		2 700.87
物料:蜈蚣	千克	30.66	1 843.66	56 526.55		56 526.55
物料:泽泻	千克	413.00	18.38	7 591.79		7 591.79
物料:蒲黄	千克	58.00	42.48	2 463.72		2 463.72
物料:元胡	千克	97.00	47.79	4 635.40		4 635.40
……						
合计		84 196.69		3 280 407.46		3 280 407.46

【资料 7-4】

库存商品明细账（部分），如表 7-4 所示。

表 7-4　库存商品明细账（部分）

项目	计量单位	数量	单价	未审金额	审计调整	审定数	备注
库存商品							
塞克硝唑	千克	4 500.00	126.32	568 449.04		568 449.04	
磷酸二氢钠	千克	625.00	24.68	15 423.68		15 423.68	
盐酸左西替利嗪	千克	20.00	1 372.25	27 444.95		27 444.95	
盐酸班布特罗	千克	10.00	3 861.36	38 613.63		38 613.63	
左羟丙哌嗪	千克	120.00	278.43	33 411.62		33 411.62	
阿司帕坦	千克	300.00	84.29	25 287.79		25 287.79	
磷酸二氢钾	千克	130.00	23.06	2 997.33		2 997.33	
二甲基亚砜	千克	810.00	11.32	9 166.00		9 166.00	
硫代硫酸钠	千克	5.00	14.50	72.50		72.50	
水飞蓟提取物	千克	500.00	163.04	81 521.27		81 521.27	
辛弗林盐酸盐	千克	50.00	666.67	33 333.33		33 333.33	
磷酸氢二钠	千克	60.00	28.78	1 726.64		1 726.64	
升麻提取物	千克	30.00	155.65	4 669.36		4 669.36	
……							
合计		4 983 505.86		27 670 557.23		27 670 557.23	

[资料 7-5]

生产成本明细表，如表 7-5 所示。

表 7-5 生产成本明细表

被审计单位：

编制人： 日期： 财务报表截止日/期间：

复核人： 日期： 索引号：

项目	1月	2月	3月	4月	5月	6月	7月	8月	9月	10月
直接材料	10 492 628.74	3 852 825.53	15 803 898.70	15 080 497.59	14 154 074.86	17 797 838.16	16 069 978.90	12 514 105.80	11 045 587.67	9 623 208.96
直接人工	835 195.21	965 428.09	1 042 459.26	962 107.23	1 208 148.17	1 519 171.90	1 129 433.97	1 158 023.27	1 099 158.15	1 113 484.90
直接动力	360 629.96	302 955.63	490 173.31	570 199.61	587 623.64	641 948.11	656 974.90	494 547.57	600 525.13	489 123.61
物料消耗	91 855.60	28 923.51	120 636.05	186 919.66	109 036.23	161 714.76	154 844.12	141 418.42	111 588.93	126 559.73
制造费用	721 408.11	1 249 548.43	952 449.83	714 219.27	719 242.97	841 355.91	895 826.53	763 454.92	856 626.03	863 518.04
合计	12 501 717.62	6 399 681.19	18 409 617.15	17 513 943.36	16 778 125.87	20 962 028.84	18 907 058.42	15 071 549.98	13 713 485.91	12 215 895.24

项目	11月	12月	本期合计	结构比	调整数	审定数	上年合计	上年结构	变动额	变动率
直接材料	13 652 532.92	16 692 295.84	156 779 473.67			156 779 473.67	145 328 303	84.03%		
直接人工	1 131 190.83	1 115 438.04	13 279 239.02			13 279 239.02	10 847 133.9	6.27%		
直接动力	682 212.94	728 325.74	6 605 240.15			6 605 240.15	6 205 961.67	3.59%		
物料消耗	183 068.02	96 671.60	1 513 236.63			1 513 236.63	1 282 120.85	0.74%		
制造费用	941 026.00	1 092 662.50	10 611 338.54			10 611 338.54	9 288 537.68	5.37%		
合计	16 590 030.71	19 725 393.72	188 788 528.01			188 788 528.01	172 952 056.84	100.00%		

【资料 7-6】

制造费用明细表（1），如表 7-6 所示。

表 7-6　制造费用明细表（1）

项目	1月	2月	3月	4月	5月	6月	7月	8月	9月	10月
工资	876 881.29	1 014 787.84	1 070 028.31	990 743.66	1 223 729.57	1 552 072.97	1 178 951.93	1 207 086.97	1 142 391.11	1 125 284.41
福利费	9 822.20	254 908.49	48 808.40	4 774.40	7 644.80	60 522.32	53 548.80	9 841.70	8 640.00	36 945.40
养老保险	95 121.00	99 015.00	94 185.00	95 151.00	102 789.00	114 471.00	114 954.00	121 433.60	118 874.00	117 905.80
医疗保险	60 305.39	50 829.21	55 194.57	51 608.34	56 767.56	53 648.52	70 980.54	64 349.13	64 338.84	60 160.98
失业保险	10 318.20	9 228.30	10 435.80	9 949.80	10 713.60	10 191.30	13 089.30	12 572.39	12 372.60	-48.30
工伤保险	500.40	147 117.60	10 458.36	5 004.00			1 401.12	1 200.96		
办公费	55 109.96	26 302.40	45 010.39	-1 134.27	32 870.02	18 946.36	26 651.41	29 753.88	32 275.69	14 637.16
通信费	1 996.74	700.99	5 395.95	6 887.78	4 245.65	4 445.25	4 200.65	5 519.79	2 637.90	2 115.72
差旅费	3 066.00	14 052.50	4 568.50	8 531.00	7 857.90	23 418.50	19 613.16	11 245.75	16 627.50	2 006.00
招待费	9 299.80	12 578.80	13 778.70	8 141.20	2 936.00	2 138.60	2 972.30	6 414.00	25 489.20	3 170.90
修理费	5 967.30	37 267.30	40 248.78	20 367.30	9 430.54	6 617.30	111 701.76	7 163.88	51 444.22	27 619.86
水电费	373 778.99	314 102.55	509 946.68	583 732.32	598 952.23	654 815.47	674 070.11	508 268.01	618 997.66	494 927.95
运输费		3 238.25	4 465.40	5 925.24	5 324.58	5 538.57	10 995.31	2 059.74	14 302.29	818.37
试验费	6 262.14	50 500.00		1 600.00	4 900.00	-2 500.00	16 642.00	-10 100.00	-200.00	-1 110.00
物料消耗	169 018.33	77 558.68	194 797.24	227 486.40	135 648.43	252 868.53	172 092.68	173 919.61	147 794.01	177 456.41
折旧费	430 673.79	434 720.18	434 128.46	438 540.89	441 830.52	444 210.36	443 329.42	444 528.51	445 179.80	448 427.34
会务费		37 735.85	76 639.17	5 805.76		8 798.00	342.00	4 619.00	16 809.00	
物业管理费	6 243.46		439.81	6 526.94	211.38	182.14	6 330.64	208.15	208.15	209.76
低值易耗品		5 560.68	36 937.11	4 927.78	3 400.51	3 532.73	13 683.77	450.00	34 188.03	1 484.79
合计										

【资料 7-7】

制造费用明细表（2），如表 7-7 所示。

表 7-7　制造费用明细表（2）

项目	11 月	12 月	本期合计	结构比	调整数	审定数	上年合计	上年结构	变动额	变动率
工资	1 142 435.09	1 155 158.77	13 679 551.92			13 679 551.92	11 134 530.39			
福利费	12 166.80	52 608.12	560 231.43			560 231.43	358 743.22			
养老保险	122 270.40	124 211.20	1 320 381.00			1 320 381.00	1 071 599.40			
医疗保险	64 196.34	64 418.55	716 797.97			716 797.97	578 273.39			
失业保险			98 822.99			98 822.99	111 356.52			
工伤保险			165 682.44			165 682.44	149 319.36			
办公费	21 668.09	192 134.79	494 225.88			494 225.88	305 033.66			
通信费	7 489.52	8 405.36	54 041.30			54 041.30	51 749.70			
差旅费	11 675.50	13 796.30	136 458.61			136 458.61	120 866.00			
招待费	13 126.67	13 882.20	113 928.37			113 928.37	51 021.00			
修理费	10 287.30	108 501.83	436 617.37			436 617.37	462 780.84			
水电费	691 657.78	743 352.60	6 766 602.35			6 766 602.35	610 794.24			
运输费	19 373.93	7 157.01	79 198.69			79 198.69				
试验费	44 954.70	200.00	111 148.84			111 148.84	89 968.16			
物料消耗	230 970.10	128 414.50	2 088 024.92			2 088 024.92	1 319 298.76			
折旧费	445 702.65	445 762.03	5 297 033.95			5 297 033.95	4 915 933.81			
会务费		17 930.00	168 678.78			168 678.78	50 340.55			
物业管理费	6 286.48	209.76	27 056.67			27 056.67	2 442.59			
低值易耗品	6 376.06	6 649.56	117 191.02			117 191.02				
合计										

[资料 7-8]

发出存货计价测试 1——地红霉素肠溶片，如表 7-8 所示。

表 7-8　发出存货计价测试 1——地红霉素肠溶片

被审计单位：　　　　　　　　　　　财务报表截止日/期间：　　　　　　索引号：

编制人：　　　日期：　　　复核人：　　　日期：

项目	期初存量（克）	期初余额（元）	本期增加量（克）	本期增加额（元）	加权平均单价（元）	本期发出量（克）	应转金额（元）	期末存量（克）	审计测试余额（元）	账面余额（元）	差异（元）
1 月	18 777.00	52 589.37			2.80	830.00	2 324.61	17 947.00	50 264.76	50 264.76	0.00
2 月	17 947.00	50 264.76			2.80	30.00	84.02	17 917.00	50 180.74	50 180.74	-0.00
3 月	17 917.00	50 180.74	18 820.00	55 647.50	2.88	36 460.00	105 030.29	277.00	797.95	799.57	-1.62
4 月	277.00	797.95	100 040.00	278 477.19	2.78	36 890.00	102 699.04	63 427.00	176 576.10	176 532.00	44.10
5 月	63 427.00	176 576.10			2.78	38 405.00	106 916.69	25 022.00	69 659.41	69 642.02	17.39
6 月	25 022.00	69 659.41	64 420.00	170 264.69	2.68	60 473.00	162 216.07	28 969.00	77 708.02	77 700.40	7.62
7 月	28 969.00	77 708.02	98 410.00	252 026.37	2.59	42 411.00	109 785.49	84 968.00	219 948.91	219 942.88	6.03
8 月	84 968.00	219 948.91	100 810.00	253 512.34	2.55	18 804.00	47 922.60	166 974.00	425 538.65	425 533.23	5.42
9 月	166 974.00	425 538.65			2.55	20 828.00	53 080.83	146 146.00	372 457.81	372 453.08	4.73
10 月	146 146.00	372 457.81			2.55	62 800.00	160 047.83	83 346.00	212 409.98	212 407.28	2.70
11 月	83 346.00	212 409.98	36 420.00	96 179.21	2.58	48 403.00	124 715.22	71 363.00	183 873.97	183 872.38	1.59
12 月	71 363.00	183 873.97	182 840.00	496 190.24	2.68	72 867.00	194 939.63	181 336.00	485 124.58	485 129.36	-4.78
合计			601 760.00	1 602 297.54		439 201.00					

【资料7-9】

发出存货计价测试2——克林霉素磷酸酯片，如表7-9所示。

表7-9　发出存货计价测试2——克林霉素磷酸酯片

被审计单位：

编制人：　　　　　　　　日期：　　　　　　　　复核人：　　　　　　　　日期：

财务报表截止日/期间：　　　　　　　　日期：　　　　　　　　索引号：

项目	期初存量(克)	期初余额(元)	本期增加量(克)	本期增加额(元)	加权平均单价(元)	本期发出量(克)	应转金额(元)	期末存量(克)	审计测试余额(元)	账面余额(元)	差异(元)
1月	24 800.00	114 696.35			4.62	6 000.00	27 749.12	18 800.00	86 947.23	86 947.23	0.00
2月	18 800.00	86 947.23			4.62			18 800.00	86 947.23	86 947.23	0.00
3月	18 800.00	86 947.23			4.62	12 800.00	59 198.12	6 000.00	27 749.12	27 749.12	−0.00
4月	6 000.00	27 749.12	61 260.00	296 324.93	4.82	32 060.00	154 472.40	35 200.00	169 601.64	169 613.30	−11.66
5月	35 200.00	169 601.64	52 445.00	268 865.46	5.00	15 620.00	78 143.15	72 025.00	360 323.95	360 337.22	−13.27
6月	72 025.00	360 323.95			5.00	6 000.00	30 016.57	66 025.00	330 307.38	330 319.52	−12.14
7月	66 025.00	330 307.38	20 045.00	101 657.93	5.02	7 220.00	36 235.50	78 850.00	395 729.81	395 741.26	−11.45
8月	78 850.00	395 729.81	20 810.00	106 167.54	5.04	9 610.00	48 396.88	90 050.00	453 500.47	453 511.02	−10.55
9月	90 050.00	453 500.47			5.04	7 600.00	38 274.33	82 450.00	415 226.13	415 235.79	−9.66
10月	82 450.00	415 226.13			5.04	7 223.00	36 375.72	75 227.00	378 850.41	378 859.21	−8.80
11月	75 227.00	378 850.41			5.04	8 008.00	40 329.06	67 219.00	338 521.35	338 529.19	−7.84
12月	67 219.00	338 521.35	50 040.00	260 603.79	5.11	22 440.00	114 655.32	94 819.00	484 469.82	484 479.11	−9.29
合计			204 600.00	1 033 619.65		134 581.00					

审计说明：

(1) 测试目的：检查被审计单位存货发出计价的方法是否正确，存货发出和期末结存的金额是否正确。

(2) 测试步骤：选取结存余额较大、发生较频繁的制剂产成品进行计价测试。

(3) 测试结果：经测试，存货发出系按月底一次加权平均法核算出库成本，结存差异较小，未予调整。

【资料 7-10】

产成品入库截止测试，如表 7-10 所示。

表 7-10　产成品入库截止测试

被审计单位：						索引号：	
编制人：			日期：				
	摘要		财务报表截止日/期间：2020 年 12 月 31 日				
			复核人：		日期：		
		明细凭证			入库单		是否跨期
序号		编号	日期	金额	编号	日期	金额

一、从明细账的借方发生额中抽取样本与入库记录核对

序号	摘要	编号	日期	金额	编号	日期	金额	是否跨期
截止日前 1	生产水飞蓟提取物入库	1601	20201231	81 521.27	CIN002142	20201225	81 521.27	
2	生产寿星补汁入库	1590	20201231	144 575.48	CIN002099	20201221	144 575.48	
3	生产克林霉素磷酸酯片入库	1583	20201231	260 603.79	CIN002057	20201215	260 603.79	
4	生产调经素颜片入库	1577	20201231	124 663.20	CIN002056	20201215	124 663.20	
5	生产丙尼地平胶囊入库	1579	20201231	37 129.53	CIN002059	20201215	37 129.53	
截止日后 1	生产奥硝唑入库	864	20210131	891 487.95	CIN002323	20210129	891 487.95	
2	生产奥硝唑入库	865	20210131	255 121.87	CIN002232	20210117	255 121.87	
3	生产奥硝唑入库	866	20210131	198 372.50	CIN002206	20210112	198 372.50	
4	生产塞克硝唑入库	867	20210131	52 054.53	CIN002291	20210126	52 054.53	
5	生产阿司帕坦入库	868	20210131	169 316.26	CIN002296	20210126	169 316.26	

（续表）

二、从入库记录抽取样本与明细账的借方发生额核对

序号	摘要	入库单			明细账凭证			是否跨期
		编号	日期	金额	编号	日期	金额	
截止日前 1	生产盖气补肾口服液入库	CIN002078	20201217	96 254.29	1593	20201231	96 254.29	
2	生产复方南五加口服液入库	CIN992939	20201207	167 987.41	1588	20201231	167 987.41	
3	生产午时茶颗粒入库	CN002135	20201224	65 745.84	1587	20201231	65 745.84	
4	生产利拉奈酯入库	CIN002020	20201207	246 320.59	1458	20201231	246 320.59	
5	生产地红霉素入库	CIN002080	20201220	282 730.38	1479	20201231	282 730.38	
截止日后 1	生产二甲基亚砜入库	CIN002239	20210117	8 254.67	869	20201231	8 254.67	
2	生产阿司帕坦入库	CIN002291	20210106	52 054.53	867	20201231	52 054.53	
3	生产磷酸二氢钠入库	CIN002295	20210126	4 366.09	870	20201231	4 366.09	
4	生产盐酸班布特罗入库	CIN002207	20210112	198 372.50	866	20201231	198 372.50	
5	生产左羟丙哌嗪入库	CIN002228	20210114	264 939.85	875	20201231	264 939.85	

【资料 7-11】

产成品出库截止测试，如表 7-11 所示。

表 7-11　产成品出库截止测试

被审计单位：　　　　　　　　　　　　　　　　　　　　　　　　　财务报表截止日/期间：2020 年 12 月 31 日　　　　　　　　　　　索引号：

编制人：　　　　　　日期：　　　　　　复核人：　　　　　　日期：

序号		摘要	明细账凭证			出库单			是否跨期
			编号	日期	金额	编号	日期	金额	
截止日前	1	结转成本：2311-15120240	1625	20201231	2 896 430.20	15120240	20201225	2 896 430.20	
	2	结转成本：2321-15120004	1607	20201231	458 418.86	15120004	20201203	458 418.86	
	3	结转成本：2311-15120221	1627	20201231	554 872.23	15120221	20201209	554 872.23	
	4	结转成本：2311-15120190	1623	20201231	1 612 176.83	15120190	20201223	1 612 176.83	
	5	结转成本：2311-15120155	1618	20201231	351 345.36	15120155	20201216	351 345.36	
截止日后	1	结转成本：2311-16010013	983	20210131	2 521.11	16010013	20210131	2 521.11	
	2	结转成本：2311-16010017	984	20210131	17 094.02	16010017	20210131	17 094.02	
	3	结转成本：2311-16010033	985	20210131	39 777.99	16010033	20210131	39 777.99	
	4	结转成本：2311-16010149	986	20210131	1 802.66	16010149	20210131	1 802.66	
	5	结转成本：2311-16010163	987	20210131	535.59	16010163	20210131	535.59	

一、从明细账的贷方发生额中抽取样本与出库记录核对

（续表）

二、从出库记录抽取样本与明细账的贷方发生额核对

序号		摘要	出库单			明细账凭证			是否跨期
			编号	日期	金额	编号	日期	金额	
截止日前	1	结转成本：2311-15120014	15120014	20201203	377 866.34	1609	20201231	377 866.34	
	2	结转成本：2311-15120051	15120051	20201204	704 749.08	1610	20201231	704 749.08	
	3	结转成本：2321-15120177	15120177	20201207	603 956.78	1611	20201231	603 956.78	
	4	结转成本：2321-15120236	15120236	20201222	1 523 957.42	1622	20201231	1 523 957.42	
	5	结转成本：2321-15120895	15120895	20201224	770 597.81	1624	20201231	770 597.81	
截止日后	1	结转成本：2311-16010017	16010017	20210105	17 094.02	983	20210131	17 094.02	
	2	结转成本：2311-16010031	16010031	20210106	178.91	985	20210131	178.91	
	3	结转成本：2311-16010042	16010042	20210106	1 709.04	985	20210131	1 709.04	
	4	结转成本：2311-16010089	16010089	20210111	3 508.62	985	20210131	3 508.62	
	5	结转成本：2311-16010110	16010110	20210112	18 125.10	986	20210131	18 125.10	

【资料 7-12】

存货跌价准备测试，如表 7-12 所示。

表 7-12　存货跌价准备测试

被审计单位：　　　　　　　　　　　　　　　　财务报表截止日/期间：　　　　　　索引号：

编制人：　　　　　日期：　　　　　　复核人：　　　　　日期：

项目	账面成本			可变现净值测算					应提跌价准备	企业已提跌价准备	差异
	数量（千克）	单位成本	金额	估计售价	至完工时估计将发生的成本	估计的销售费用	相关税费	可变现净值			
加替环合酯	9 048.75	272.74	2 467 944.69	277.55		58.31	2.44	216.79	506 227.22	524 278.26	
痔速宁胶囊	1 800.00	2.17	3 914.59	1.15		0.24	0.01	0.90	2 292.31	2 292.31	
六味地黄丸	7 892.00	6.31	49 782.62	6.75		1.42	0.06	5.27	8 159.47	7 645.45	
午时茶颗粒	21 187.00	5.45	115 513.23	2.82		0.59	0.02	2.20	68 836.10	80 825.16	
四物膏	51.00	35.72	1 821.56	20.74		4.36	0.18	16.20	995.56	995.56	
丹参口服液	5 603.00	7.39	41 412.97	4.10		0.86	0.04	3.20	23 458.08	21 726.25	
医用退热贴	20 200.00	3.67	74 157.54	2.99		0.63	0.03	2.34	26 957.74	32 068.76	
六味地黄膏	459.54	145.10	66 679.34						25 899.04	23 263.85	
午时茶膏	469.76	141.63	66 529.84						66 529.85	66 529.85	
合计											

审计说明：

(1) 如果当期出现某类产品毛利且该项产品销售费用及税费后出现亏损情况，必须编制该表。

(2) 如果产成品的可变现净值预计高于成本，则该材料仍然应当按照成本计量，但应在存货跌价准备计算表中予以说明。

(3) 产成品售价是按不含增值税售价，按照公司近期不含税售价确定。

(4) 原材料的可变现净值＝产成品的估计售价－将该原材料加工成乙产品尚需投入的成本－估计销售费用及相关税费。

(5) 被审计单位一直以低于成本价的售价销售午时茶颗粒，且加工成本是原材料成本的 5.7 倍，故应对午时茶颗粒进行全额计提跌价准备。

【资料 7-13】

存货监盘,如表 7-13 所示。

表 7-13　存货监盘

被审计单位:		索引号:	
财务报表截止日/期间:2020 年 12 月 31 日			
编制人:	日期:	复核人:	日期:

一、盘点日期:2021 年 1 月 15 日

二、盘点仓库名称:原料原辅料仓库,制剂原辅料、制剂中药材仓库,原料包材仓库,制剂包材仓库,原料产成品仓库,制剂产成品仓库
仓库负责人:
仓库记账员:
仓库保管员:
仓库概况:西药原辅料库占一楼七间、四楼四间;包装材料库占二楼一间、四楼五间;中药原辅料库五楼十间;成品库占二楼七间、三楼八间。仓库内各存储物均有账卡标示,西药原辅料均用标准容器分装,成品均按批号分开存放在标准托盘上,按医药 GMP 认证的要求,对除五金材料库外的其他仓库,均安装了通风设施、灯光照明、窗帘,以确保仓库内的温度和湿度。各仓库相对独立,限制无关人员接近。

三、监盘参加人员
事务所注册会计师:
公司财务人员:
公司盘点负责人:
公司盘点人员:
上述人员在监盘过程中,自始至终未离开现场。

四、监盘开始前的工作

项目	是/否	工作底稿编号
1. 索取期末存货盘点计划	是	
2. 索取该仓库存货收发存月报表	是	
3. 索取存货的盘点清单	是	
4. 索取盘点前该仓库收料、发料的最后一张单证	是	
5. 存货是否已停止流动	是	
6. 废品、毁损物品是否已分开堆放	是	
7. 货到单未到的存货是否已暂估入账	是	
8. 发票未开,客户已提走的存货是否已单独记录	不适用	
9. 发票已开,客户未提走的存货是否已单独记录(或单独堆放)	不适用	
10. 存货是否已按型号、规格排放整齐	是	
11. 外单位寄存的货物是否已分开堆放	不适用	
12. 代外单位保管的货物是否已分开堆放	不适用	

(续表)

项目	是/否	工作底稿编号
13. 外单位代销的货物是否已分开堆放	不适用	
14. 其他非本公司的货物是否已分开堆放	不适用	
15. 委托外单位加工或存放的存货,是否收到外单位的书面确认书	不适用	
16. 最近一次盘点存货的日期	是	
17. 最近一次对计量用具(地秤、秤量器和其他计量器)的校对	是	
18. 是否有存货的记录位置或存放图	否	
五、监盘进行中的工作 1. 监盘从早上9：30开始,共分3个监盘小组,每个小组3人。一名盘点人员负责点数并报出型号、规格,一名财务监盘人员负责核对记录盘点清单,一名审计监盘人员负责监督整个盘点过程 2. 核对仓库报表结存数量与仓库存货账结存数量是否相符;核对仓库存货账结存数量与仓库存货卡数量是否相符;填制存货表、账、卡核对记录表 3. 盘点结束,索取盘点清单及存货盘盈、盘亏汇总表		
六、复盘 1. 盘点结束后,选择数额较大、收发频繁的存货项目进行复盘 2. 复盘人员为 3. 复盘记录详见《存货监盘结果汇总表》(附后) 4. 复盘统计:原药产成品品种、型号共_____种,复盘_____种,占_____%;金额共_____元,复盘达_____元,占_____% 5. 计算复盘正确率:复盘共_____种,其中,复盘正确的有_____种,占_____%;复盘金额共_____元,其中,复盘正确的有_____元,占_____% 6. 确定存货中属于残次、毁损、滞销积压的存货及其对当年损益的影响,其中,原材料:_____元;在产品:_____元;产成品:_____元;合计:_____元		
七、盘点结束后的工作 1. 再次观察现场并检查盘点表单 2. 复核盘点结果汇总记录 3. 关注盘点日与资产负债表日之间存货的变动情况 4. 关注存货盘点结果与永续盘存记录之间出现重大差异的处理 5. 关注被审计单位盘点方式及其结果无效时的处理,如果认为被审计单位的盘点方式及其结果无效,注册会计师应当提请被审计单位重新盘点 6. 请参加复盘人员在存货监盘结果汇总表上签字 7. 索取由仓库人员填写的复盘差异说明(请用文字说明,并加盖单位公章)		

（续表）

项目	是/否	工作底稿编号
八、对盘点及复盘的评价 1. 仓库管理人员对存货很熟悉 2. 盘点工作及复盘工作很认真 3. 对会计师需要的资料很配合 4. 监盘结果总体评价		
九、监盘人员签名		

五、延伸思考

(1) 企业选择成本计算方法时应考虑哪些因素？

(2) 存货跌价准备计提、核销与转回的依据分别有哪些？

(3) 企业利用关联交易虚构业务、调节利润有哪些具体手段？

(4) 结合[资料3-2]和[资料3-3]，分析生物资产审计有哪些特殊性？

案例八　固定资产审计

一、案例分析目标

固定资产是单位价值较高、使用周期较长的有形资产。尽管固定资产变动的频率相比流动资产要低很多,但因为在企业资产总额中占比较大,其增减变动对企业财务状况和经营成果产生持续影响。固定资产审计的目标,是确定固定资产是否存在、相关记录是否完整、计价与分摊是否准确、在财务报表上的披露是否恰当。

通过本案例分析,读者应了解固定资产审计的主要工作内容和侧重点,熟悉工作流程,掌握各种审计工作底稿的编制程序和方法,能够针对特定案例评价固定资产、累计折旧和减值准备会计处理的合规性与公允性。

二、案例分析中涉及的主要审计准则

(1)《中国注册会计师审计准则第 1251 号——评价审计过程中识别出的错报》。

(2)《中国注册会计师审计准则第 1421 号——利用专家的工作》。

(3)《中国注册会计师审计准则第 1511 号——比较信息:对应数据和比较财务报表》。

三、案例分析提示

固定资产减值准备审计工作主要包括以下几个方面:

(1)获取和编制固定资产减值准备明细表,核对总账和明细账数额。

(2)检查被审计单位固定资产减值准备计提和核销的批准程序,取得书面证明文件。

(3)检查被审计单位计提固定资产减值准备的依据是否充分,会计处理是否正确,披露是否恰当。

(4)检查被审计单位固定资产减少时,其减值准备是否相应结转。

四、案例资料

【资料8-1】

固定资产的实质性程序,如表8-1所示。

表8-1 固定资产的实质性程序

被审计单位:			财务报表截止日/期间:			索引号:	
编制人:		日期:	复核人:			日期:	

审计目标		财务报表认定				
		存在	完整性	权利和义务	计价和分摊	列报
A	资产负债表中记录的固定资产是存在的	√				
B	所有应当记录的固定资产均已记录		√			
C	记录的固定资产由被审计单位拥有或控制			√		
D	固定资产以恰当的金额包括在财务报表中,与之相关的计价或分摊已恰当记录				√	
E	固定资产已按照企业会计准则的规定在财务报表中作出恰当的列报					√

审计目标与审计计划的衔接	财务报表认定				
	存在	完整性	权利和义务	计价和分摊	列报
1. 评估的重大错报风险水平					
2. 控制测试结果是否支持风险评估结论					
3. 需从实质性程序获取的保证程度					
计划实施的实质性程序					
1. 获取或编制固定资产、累计折旧、减值准备明细表,复核加计是否正确,并与总账数和明细账合计数、报表数核对是否相符,结合累计折旧和固定资产减值准备与报表数核对是否相符				√	

（续表）

计划实施的实质性程序					
2. 检查本年度增加固定资产的初始计量,计价是否正确,手续是否齐备					
(1) 对于外购固定资产,通过核对采购合同、发票、保险单、发运凭证等资料,抽查测试其入账价值是否正确,授权批准手续是否齐备,会计处理是否正确;如果购买的是房屋建筑物,还应检查契税的会计处理是否正确;检查分期付款购买固定资产入账价值及会计处理是否正确					
(2) 对于在建工程转入的固定资产,应检查固定资产确认时点是否符合企业会计准则的规定,入账价值与在建工程的相关记录是否核对相符,是否与竣工决算、验收和移交报告等一致;对已经达到预定可使用状态,但尚未办理竣工决算手续的固定资产,检查其是否已按估计价值入账,并按规定计提折旧					
(3) 对于投资者投入的固定资产,检查投资者投入的固定资产是否按投资各方确认的价值入账,并检查确认价值是否公允,交接手续是否齐全;涉及国有资产的,是否有评估报告并经国有资产管理部门评审备案或核准确认	✓	✓	✓	✓	
(4) 对于更新改造增加的固定资产,检查通过更新改造而增加的固定资产增加的原值是否符合资本化条件,是否真实,会计处理是否正确;重新确定的折旧年限是否恰当					
(5) 对于融资租赁增加的固定资产,获取融资租入固定资产的相关证明文件,检查融资租赁合同的主要内容,并结合"长期应付款""未确认融资费用"科目检查相关的会计处理是否正确					
(6) 对于企业合并、债务重组和非货币性资产交换增加的固定资产,检查产权过户手续是否齐备,检查固定资产入账价值及确认的损益和负债是否符合规定					
(7) 如果被审计单位为外商投资企业,检查其采购国产设备退还增值税的会计处理是否正确					
(8) 对于通过其他途径增加的固定资产,应检查增加固定资产的原始凭证,核对其计价及会计处理是否正确,法律手续是否齐全					
3. 检查本期固定资产的减少					
(1) 结合"固定资产清理"科目,抽查固定资产账面转销额是否正确					
(2) 检查出售、盘亏、转让、报废或毁损的固定资产是否经授权批准,会计处理是否正确					
(3) 检查因修理、更新改造而停止使用的固定资产的会计处理是否正确	✓	✓		✓	
(4) 检查投资转出固定资产的会计处理是否正确					
(5) 检查债务重组或非货币性资产交换转出固定资产的会计处理是否正确					
(6) 检查其他减少固定资产的会计处理是否正确					

计划实施的实质性程序					
4. 检查累计折旧 （1）获取或编制累计折旧分类汇总表，复核加计正确，并与总账数和明细合计数核对 （2）检查被审计单位制定的折旧政策和方法是否符合相关会计准则的规定，确定其所采用的折旧方法能否在固定资产预计使用寿命内合理分摊其成本，前后期是否一致，如不一致，政策变更依据是否合理，是否经过适当的变更程序通过，并判断折旧年限是否过长，预计使用寿命和预计净残值是否合理；如采用加速折旧法，是否取得批准文件 （3）检查被审计单位折旧政策前后期是否一致 （4）复核本期折旧费用的计提和分配，复核本期折旧费用的计提是否正确，尤其关注已计提减值准备的固定资产的折旧；检查折旧费用的分配方法是否合理，是否与上期一致；分配计入各项目的金额占本期全部折旧计提额的比例与上期比较是否有重大差异 （5）将"累计折旧"账户贷方的本期计提折旧额与相应的成本费用中的折旧费用明细账户的借方相比较，检查本期所计提折旧金额是否已全部摊入本期产品成本或费用；若存在差异，应追查原因，并考虑是否应建议作适当调整				√	
5. 实地检查重要固定资产（如为首次接受委托，应适当扩大检查范围），确定其是否存在，关注是否存在已报废但仍未核销的（注1）	√				
6. 检查固定资产、累计折旧、减值准备是否已按照企业会计准则的规定在财务报表中作出恰当列报 （1）固定资产的确认条件、分类、计量基础和折旧方法 （2）各类固定资产的使用寿命、预计净残值和折旧率 （3）各类固定资产的期初和期末原价、累计折旧额及固定资产减值准备累计金额 （4）当期确认的折旧费用 （5）对固定资产所有权的限制及其金额和用于担保的固定资产账面价值 （6）准备处置的固定资产名称、账面价值、公允价值、预计处置费用和预计处置时间等					√

注1：《会计监管风险提示第4号——首次公开发行股票公司审计》（证监办发〔2012〕89号）特别要求：对于IPO业务，如果实施监盘程序确有困难，注册会计师应考虑能否实施有效替代程序（包括聘请专家进行监盘程序）以获取充分、适当的审计证据。房屋及建筑物、交通工具、矿权等资产的监盘，审计人员除实地查看外，应同时查看资产权属证明原件，了解是否设定对外抵押，并取得复印件作为工作底稿；对于正在办理权属证明的大额资产，审计人员应了解权属证明办理情况，确认是否存在权属纠纷或实质性障碍。

【资料 8-2】

固定资产审定表,如表 8-2 所示。

表 8-2　固定资产审定表

被审计单位:			索引号:	
财务报表截止日/期间:				
编制人:	日期:		复核人:	日期:

项目	期初余额	期末余额			变动率
		调整前	审计调整	调整后	
一、固定资产原价					
房屋建筑物					
机器设备					
运输设备					
电子设备					
二、累计折旧					
房屋建筑物					
机器设备					
运输设备					
电子设备					
三、减值准备					
房屋建筑物					
机器设备					
运输设备					
电子设备					
四、固定资产净值					
房屋建筑物					
机器设备					
运输设备					
电子设备					

【资料 8-3】

固定资产增加与减少检查表，如表 8-3 所示。

表 8-3 固定资产增加与减少检查表

被审计单位：　　　　　　　　　　财务报表截止日/期间：
编制人：　　　　　　　　　　　　复核人：　　　索引号：
日期：　　　　　　　　　　　　　日期：

名称	日期	方式	类别	增加与减少情况		凭证号	核对内容					附件资料
				数量	原价		1	2	3	4	5	
3.5 吨叉车	20210331	购买	运输设备	2	129 572.65	105						发票（02338171）、合同
集装箱正面吊运机	20210430	购买	机器设备	1	2 136 752.14	74						发票（40471851）、合同
奥迪汽车	20210630	出售	运输设备	1	160 000.00	254						发票（39872685）、合同
集装箱正面吊运机	20210831	出售	机器设备	1	2 136 752.14	516						发票（085322）、合同

核对内容说明：

(1) 与发票是否一致。

(2) 与付款单据是否一致。

(3) 与购买、建造合同是否一致。

(4) 审批手续是否齐全。

(5) 会计处理是否正确。

【资料 8-4】

固定资产减值迹象判断表,如表 8-4 所示。

表 8-4　固定资产减值迹象判断表

被审计单位:		索引号:	
财务报表截止日/期间:			
编制人:	日期:	复核人:	日期:

序号	减值迹象	判断	备注
1	是否存在资产的市价当期大幅度下跌,且跌幅大大高于因时间的推移或者正常使用而预计的下跌,预计在近期内不可能恢复		
2	是否存在企业经营所处的经济、技术或者法律等环境以及资产所处的市场在当期或者将在近期发生重大变化,从而对企业产生不利影响的情况		
3	是否存在市场利率或者其他市场投资报酬率在当期已经提高,从而影响企业计算资产预计未来现金流量现值的折现率,导致资产可收回金额大幅度降低的迹象		
4	是否存在固定资产预计使用方式发生重大不利变化,如企业计划终止或重组该资产所属的经营业务、提前处置资产等情形,从而对企业产生负面影响		
5	是否有证据表明资产已经陈旧过时或者其实体已经损坏的情况		
6	是否存在企业内部报告等证据表明资产的经济绩效已经低于或者将低于预期,如资产所创造的净现金流量或者实现的营业利润(或者亏损)远远低于(或者高于)预计金额等情况		
7	其他有可能表明资产已发生减值的情况		

[资料 8-5]

固定资产折旧测算表(部分),如表 8-5 所示。

表 8-5 固定资产折旧测算表(部分)

被审计单位:　　　　　　　　　　　　　财务报表截止日/期间:20211231　　　　索引号:

编制人:　　　日期:　　　复核人:　　　日期:

序号	名称	规格	类别	管理部门	原值	取得时间	使用年限	残值率	已提折旧	当期折旧	累计折旧	净值
1	针打机	台	电子设备	业务部	1 450.00	20190316	4 年	0				
2	电脑	台	电子设备	财务部	2 888.89	20190422	3 年	0				
3	投影机	台	电子设备	行政部	2 741.88	20190422	4 年	0				
4	一体机	台	电子设备	总经办	1 800.00	20190615	4 年	0				
5	电脑	台	电子设备	业务部	7 000.00	20191008	4 年	0				
6	空调	台	电子设备	总经办	3 799.00	20200212	5 年	5%				
7	保险柜	台	电子设备	财务部	2 388.00	20200313	5 年	5%				
8	地磅	台	机器设备	仓储部	6 200.00	20200526	10 年	5%				
9	加油机	台	机器设备	仓储部	16 615.38	20200824	10 年	5%				
10	5.0T 叉车	台	运输设备	仓储部	118 370.95	20201028	8 年	5%				
11	叉车货叉	台	运输设备	仓储部	1 170.94	20201225	5 年	0				
12	叉车配件	台	运输设备	仓储部	9 220.36	20210312	4 年	0				
13	3.5 吨叉车	台	运输设备	仓储部	58 717.95	20210417	8 年	5%				
14	视频监控	台	电子设备	行政部	99 514.56	20210726	3 年	0				
15	扫地机	台	机器设备	仓储部	59 658.12	20210906	10 年	5%				
……												
合计												

【资料 8-6】

固定资产折旧分配检查表,如表 8-6 所示。

表 8-6　固定资产折旧分配检查表

被审计单位:					财务报表截止日/期间:		索引号:	
编制人:		日期:			复核人:		日期:	
固定资产类别	折旧金额	分配率	分配金额				合计	备注
			营业成本	制造费用	销售费用	管理费用		
房屋建筑物								
机器设备								
运输设备								
电子设备								
合计								
交叉索引号								
相应金额								
核对差异								

五、延伸思考

(1) 固定资产购建过程中可能存在哪些错误和舞弊?

(2) 计提固定资产减值准备时,如何判断资产组认定的准确性?

(3) 从哪些方面判断固定资产存在减值迹象?

(4) 在建工程审计工作的侧重点包括哪些方面?

案例九　短期借款审计

一、案例分析目标

短期借款是指企业根据生产经营的需要,从银行或其他金融机构借入的,偿还期在一年以内的各种借款,如周转借款、临时借款等。短期借款审计的目标,是确定短期借款是否存在、相关记录是否完整、利息计算是否准确、在财务报表上的披露是否恰当。

通过本案例分析,读者应了解短期借款审计的主要工作内容和侧重点,熟悉工作流程,掌握各种审计工作底稿的编制程序和方法,能够针对特定案例评价短期借款及其利息会计处理的合规性与公允性。

二、案例分析中涉及的主要审计准则

(1)《中国注册会计师审计准则第 1251 号——评价审计过程中识别出的错报》。

(2)《中国注册会计师审计准则第 1312 号——函证》。

三、案例分析提示

短期借款审计工作中应重点关注的内容包括以下几个方面:

(1)评估重大错报风险,检查被审计单位是否存在虚假的融资活动、违规担保和掏空现象。

(2)检查被审计单位短期借款授权审批程序,取得借款合同等书面证明文件。

(3)结合被审计单位实际经营情况,评价借款数额和还款条件的合理性。

(4)检查被审计单位利息计算和偿还情况,是否存在跨期摊配、是否混淆了利息资本化和费用化。

四、案例资料

【资料9-1】

短期借款的实质性程序,如表 9-1 所示。

表 9-1 短期借款的实质性程序

被审计单位：		财务报表截止日/期间：		索引号：
编制人：	日期：	复核人：	日期：	

审计目标		财务报表认定				
		存在	完整性	权利和义务	计价和分摊	列报
A	资产负债表中记录的短期借款是存在的	√				
B	所有应当记录的短期借款均已记录		√			
C	记录的短期借款由被审计单位拥有或控制			√		
D	短期借款以恰当的金额包括在财务报表中,与之相关的计价调整已恰当记录				√	
E	短期借款已按照企业会计准则的规定在财务报表中作出恰当列报					√
计划实施的实质性程序		存在	完整性	权利和义务	计价和分摊	列报
1. 获取或编制短期借款明细表 (1) 复核加计正确,并与报表数、总账数和明细账合计数核对是否相符 (2) 检查非记账本位币短期借款的折算汇率及折算金额是否正确,折算方法是否前后期一致					√	
2. 检查被审计单位贷款卡,核实账面记录是否完整,对被审计单位贷款卡上列示的信息与账面记录核对的差异进行分析,并关注贷款卡中列示的被审计单位对外担保的信息			√			
3. 对短期借款进行函证		√		√		
4. 对年度内增加的短期借款,检查借款合同,了解借款数额、借款用途、借款条件、借款日期、还款期限、借款利率,并与相关会计记录相核对		√	√		√	
5. 对年度内减少的短期借款,应检查相关记录和原始凭证,核实还款数额,并与相关会计记录相核对		√	√	√		
6. 根据短期借款的利率和期限,检查被审计单位短期借款的利息计算是否正确;如有未计利息和多计利息,应作出记录,必要时提请进行调整					√	
7. 检查被审计单位用于短期借款的抵押资产的所有权是否属于被审计单位,其价值和实际状况是否与契约中的规定相一致				√		√
8. 检查银行授信情况				√		
9. 检查短期借款是否已按照企业会计准则的规定在财务报表中作出恰当的列报 (1) 检查被审计单位短期借款是否按信用借款、抵押借款、质押借款、保证借款分别披露 (2) 检查期末逾期借款是否按贷款单位、借款金额、逾期时间、年利率、逾期未偿还原因和预期还款期等进行披露						√

【资料9-2】

短期借款审定表，如表9-2所示。

表9-2 短期借款审定表

被审计单位：

编制人：　　　　日期：

复核人：　　　　日期：

财务报表截止日/期间：

索引号：

年份	类别	期末余额			期初余额			变动金额	变动比例	备注
		未审数	审计调整	审定数	未审数	审计调整	审定数			
2018	抵押借款	25 000 000.00		25 000 000.00	15 000 000.00		15 000 000.00	10 000 000.00	66.67%	
	委托贷款	5 000 000.00		5 000 000.00	5 000 000.00		5 000 000.00			
	合计	30 000 000.00		30 000 000.00	20 000 000.00		20 000 000.00	10 000 000.00	50.00%	
2019	抵押借款	10 000 000.00		10 000 000.00	25 000 000.00		25 000 000.00	− 15 000 000.00	− 60.00%	
	委托贷款	5 000 000.00		5 000 000.00	5 000 000.00		5 000 000.00			
	合计	15 000 000.00		15 000 000.00	30 000 000.00		30 000 000.00	− 15 000 000.00	− 50.00%	
2020	抵押借款	20 000 000.00		20 000 000.00	10 000 000.00		10 000 000.00	10 000 000.00	50.00%	
	委托贷款				5 000 000.00		5 000 000.00	− 5 000 000.00	− 100.00%	
	合计	20 000 000.00		20 000 000.00	15 000 000.00		15 000 000.00	5 000 000.00	33.33%	
2021	抵押借款	30 000 000.00		30 000 000.00	20 000 000.00		20 000 000.00	10 000 000.00	50.00%	
	委托贷款									
	合计	30 000 000.00		30 000 000.00	20 000 000.00		20 000 000.00	10 000 000.00	50.00%	

【资料 9-3】

短期借款检查表,如表 9-3 所示。

表 9-3 短期借款检查表

被审计单位:			财务报表截止日/期间:				索引号:
编制人:		日期:	复核人:			日期:	

记账日期	凭证号	业务内容	金额	核对内容 1	2	3	4	附件资料
20180131	466	还银行贷款(2018.1.11)	5 000 000.00					
20180531	860	还银行贷款(2018.5.15)	5 000 000.00					
20180630	759	收担保公司贷款(2018.6.20)	5 000 000.00					
20180630	759	还担保公司贷款(2018.6.10)	5 000 000.00					
20180630	759	还银行贷款(2018.6.8)	5 000 000.00					
20180831	635	还银行贷款(2018.8.16)	5 000 000.00					
20181029	376	收银行贷款(2018.10.29)	5 000 000.00					
20181130	912	收银行贷款(2019.11.25)	5 000 000.00					
20190228	333	还担保公司贷款(2019.2.2)	5 000 000.00					
20190731	588	收银行贷款(2019.7.28)	10 000 000.00					
20191031	597	收银行贷款(2019.10.23)	5 000 000.00					
20191031	597	还银行贷款(2019.10.20)	5 000 000.00					
20191130	655	收银行贷款(2019.11.25)	5 000 000.00					
20191130	655	还银行贷款(2019.11.17)	5 000 000.00					
20200331	726	收银行贷款(2020.3.31)	10 000 000.00					

核对内容说明:

(1)原始凭证是否齐全。

(2)记账凭证与原始凭证是否相符。

(3)账务处理是否正确。

(4)是否记录于恰当的会计期间。

【资料 9-4】

短期借款利息测算表,如表 9-4 所示。

表 9-4 短期借款利息测算表

被审计单位:			财务报表截止日/期间:			索引号:		
编制人:		日期:	复核人:			日期:		
借款本金	借款期限	计息开始日	计息结束日	期间(天)	利率	应计利息	备注	
5 000 000.00	20180620 – 20190618	20190101	20190202	33	7.9800%	36 575.00		
5 000 000.00	20181028 – 20191028	20190101	20191020	293	6.9000%	280 791.67		
5 000 000.00	20181125 – 20191117	20190101	20191117	321	6.4400%	287 116.67		
10 000 000.00	20190728 – 20200728	20190728	20191231	157	5.5775%	243 240.97		
5 000 000.00	20191023 – 20201021	20191023	20191231	70	5.2900%	51 430.56		
5 000 000.00	20191125 – 20201121	20191125	20191231	37	5.0025%	25 707.29		
10 000 000.00	20190728 – 20200728	20200101	20200331	91	5.5775%	140 986.81		
5 000 000.00	20191023 – 20201021	20200101	20200331	91	5.2900%	66 859.72		
5 000 000.00	20191125 – 20201121	20200101	20200331	91	5.0025%	63 226.04		

【资料 9-5】

银行授信情况统计表,如表 9-5 所示。

表 9-5 银行授信情况统计表

被审计单位:			财务报表截止日/期间:			索引号:		
编制人:		日期:	复核人:			日期:		
贷款银行	信用额度	已借款项	条款	担保	到期日	续展日期	备注	
CS 银行股份有限公司		10 000 000.00			20210325			
CS 银行股份有限公司		5 000 000.00		公司自有房屋共 7 套,产权证号分别为……	20201121			
CS 银行股份有限公司		5 000 000.00			20201021			
CS 银行股份有限公司		10 000 000.00			20200728			
合计		30 000 000.00						

五、延伸思考

(1)《企业会计准则》中对利息资本化和费用化作出了哪些规定?

(2)什么是违规担保?中国证监会历年来对上市公司担保发布了哪些监管要求?

(3)什么叫掏空?掏空的具体手段有哪些?

案例十　长期股权投资审计

一、案例分析目标

长期股权投资是指投资方对被投资单位实施控制、施加重大影响，或对其合营的企业权益性投资。长期股权投资审计的目标，是确定长期股权投资是否存在、其相关记录是否完整、成本法与权益法的选择与转换是否正确、长期股权投资减值准备计提是否合理、在财务报表上的披露是否恰当。

通过本案例分析，读者应了解长期股权投资审计的主要工作内容和侧重点，熟悉工作流程，掌握各种审计工作底稿的编制程序和方法，能够针对特定案例评价长期股权投资及其减值准备会计处理的合规性与公允性。

二、案例分析中涉及的主要审计准则

(1)《中国注册会计师审计准则第 1251 号——评价审计过程中识别出的错报》。

(2)《中国注册会计师审计准则第 1312 号——函证》。

(3)《中国注册会计师审计准则第 1323 号——关联方》。

(4)《中国注册会计师审计准则第 1511 号——比较信息：对应数据和比较财务报表》。

三、案例分析提示

长期股权投资审计工作中应重点关注的内容包括以下几个方面：

(1) 通过取得投资合同等文件和向被投资单位函证，核对投资额、投资时间和股权比例，检查被审计单位长期股权投资核算方法是否正确。

(2) 如果以权益法核算长期股权投资，注册会计师应获取被投资单位已审计年度财务报表，或考虑对被投资单位报表实施适当的审计程序。

(3) 检查成本法与权益法之间的转换是否符合条件、会计处理是否正确。

(4) 检查被审计单位计提长期股权投资减值准备的依据是否充分、会计处理是否正确、披露是否恰当。

四、案例资料

【资料 10-1】

长期股权投资的实质性程序,如表 10-1 所示。

表 10-1　长期股权投资的实质性程序

被审计单位:		财务报表截止日/期间:				索引号:
编制人:	日期:	复核人:			日期:	

审计目标		财务报表认定				
		存在	完整性	权利和义务	计价和分摊	列报
A	资产负债表中记录的长期股权投资是存在的	✓				
B	所有应当记录的长期股权投资均已记录		✓			
C	记录的长期股权投资由被审计单位拥有或控制			✓		
D	长期股权投资以恰当的金额包括在财务报表中,与之相关的计价调整已恰当记录				✓	
E	长期股权投资已按照企业会计准则的规定在财务报表中作出恰当列报					✓
计划实施的实质性程序		存在	完整性	权利和义务	计价和分摊	列报
1. 获取或编制长期股权投资明细表,复核加计是否正确,并与总账数和明细账合计数核对是否相符;结合"长期股权投资减值准备"科目与报表数核对是否相符					✓	
2. 检查长期投资的核算是否按规定采用权益法或成本法,对于采用权益法的,应取得被投资单位业经审计的年度会计报表,必要时可向审计该报表的会计师事务所发出调查问卷。如果未经审计,则应考虑是否对被投资单位的会计报表实施适当的审计或审阅程序					✓	
3. 确定长期股权投资是否存在,并归被审计单位所有;根据管理层的意图和能力,分类是否正确;针对各分类其计价方法、期末余额是否正确 (1) 根据有关合同和文件,确认长期股权投资的股权比例和时间,检查长期股权投资核算方法是否正确;取得被投资单位的章程、营业执照、组织机构代码证等资料 (2) 分析被审计单位管理层的意图和能力,检查有关原始凭证,验证长期股权投资分类的正确性(分为对子公司、联营企业、合营企业的投资三类),是否不包括应由金融工具确认和计量准则核算的长期股权投资 (3) 对于应采用权益法核算的长期股权投资,获取被投资单位已经注册会计师审计的年度财务报表,如果未经注册会计师审计,则应考虑对被投资单位的财务报表实施适当的审计或审阅程序 (4) 对于采用成本法核算的长期股权投资,检查股利分配的原始凭证及分配决议等资料,确定会计处理是否正确;对被审计单位实施控制而采用成本法核算的长期股权投资,比照权益法编制变动明细表,以备合并报表使用 (5) 对于成本法和权益法相互转换的,检查其投资成本的确定是否正确		✓		✓	✓	✓

计划实施的实质性程序	存在	完整性	权利和义务	计价和分摊	列报
4. 确定长期股权投资增减变动的记录是否完整 （1）检查本期增加的长期股权投资，追查原始凭证及相关的文件或决议及被投资单位验资报告或财务资料等，确认长期股权投资是否符合投资合同、协议的规定，会计处理是否正确（根据企业合并形成、企业合并以外其他方式取得的长期股权投资分别确定初始投资成本） （2）检查本期减少的长期股权投资，追查原始凭证，确认长期股权投资的处理是否有合理的理由及授权批准手续，会计处理是否正确 （3）检查本期减少的权益法核算的长期股权投资，是否已正确地按照减少比例将已计入其他综合收益及其他资本公积的变动金额结转至当期损益	✓	✓		✓	
5. 期末对长期股权投资进行逐项检查，以确定长期股权投资是否已经发生减值 （1）核对长期股权投资减值准备本期与以前年度计提方法是否一致，如有差异，应查明会计政策调整的原因，并确定会计政策改变对本期损益的影响，提请被审计单位做适当披露 （2）对长期股权投资进行逐项检查，根据被投资单位经营政策、法律环境、市场需求、行业及盈利能力等的各种变化判断长期股权投资是否存在减值迹象。当长期股权投资可收回金额低于账面价值时，应将可收回金额低于账面价值的差额作为长期股权投资减值准备予以计提，并应与被审计单位已计提数相核对，如有差异，应查明原因 （3）将本期减值准备计提金额与利润表资产减值损失（或投资收益）中的相应数字进行核对 （4）长期股权投资减值准备按单项资产计提的，检查计提依据是否充分，是否得到适当批准				✓	
6. 检查通过发行权益性证券、投资者投入、企业合并等方式取得的长期股权投资的会计处理是否正确	✓		✓	✓	
7. 结合银行借款等的检查，了解长期股权投资是否存在质押、担保情况。如有，则应详细记录，并提请被审计单位进行充分披露			✓		✓
8. 检查长期股权投资的列报是否恰当 （1）子公司、合营企业和联营企业清单，包括企业名称、注册地、业务性质、投资企业的持股比例和表决权比例 （2）合营企业和联营企业当期的主要财务信息，包括资产、负债、收入、费用等的合计金额 （3）被投资单位向投资企业转移资金的能力受到严格限制的情况 （4）当期及累计未确认的投资损失金额 （5）与对子公司、合营企业及联营企业投资相关的或有负债					✓

注：（1）复核投资损益时，根据重要性原则，应以取得投资时被投资单位各项可辨认资产的公允价值为基础，对被投资单位的净损益进行调整。被审计单位与联营企业或合营企业之间发生的未实现内部交易损益应予抵销。被审计单位采用的会计政策及会计期间与被审计单位不一致的，应当按照被审计单位的会计政策及会计期间对被投资单位的财务报表进行调整。据以确认投资损益，并作出详细记录。

（2）将重新计算的投资损益与被审计单位计算的投资损益相核对，如有重大差异，查明原因，并做适当调整。

（3）关注被审计单位在其被投资单位发生净亏损以及以后期间实现盈利时的会计处理是否正确。

（4）检查除净损益以外被投资单位其他综合收益变动、除净损益、其他综合收益以及利润分配以外的所有者权益的其他变动，是否调整计入所有者权益。

【资料10-2】

长期股权投资审定表，如表10-2所示。

表10-2 长期股权投资审定表

被审计单位：

编制人：　　　　　日期：　　　　　　　　　财务报表截止日/期间：

复核人：　　　　　日期：　　　　　　　　　索引号：

年份	类别	期末余额			期初余额			变动金额	变动比例	备注
		未审数	审计调整	审定数	未审数	审计调整	审定数			
2018	账面余额	2 900 000.00		2 900 000.00	11 300 000.00	310 000.00	11 610 000.00			
	减值准备	2 789 216.67		2 789 216.67	2 799 671.69		2 799 671.69			
	账面净额	110 783.33		110 783.33	8 500 328.31	310 000.00	8 810 328.31			
2019	账面余额	11 300 000.00	310 000.00	11 610 000.00	2 000 000.00		2 000 000.00			
	减值准备	2 799 671.69		2 799 671.69	2 000 000.00		2 000 000.00			
	账面净额	8 500 328.31	310 000.00	8 810 328.31	—		—			
2020	账面余额	2 000 000.00		2 000 000.00	13 000 000.00		13 000 000.00			
	减值准备	2 000 000.00		2 000 000.00	2 000 000.00		2 000 000.00			
	账面净额				11 000 000.00		11 000 000.00			
2021	账面余额	13 000 000.00		13 000 000.00	23 000 000.00		23 000 000.00			
	减值准备	2 000 000.00		2 000 000.00	2 000 000.00		2 000 000.00			
	账面净额	11 000 000.00		11 000 000.00	21 000 000.00		21 000 000.00			

【资料 10-3】

长期股权投资明细表 2019，如表 10-3 所示。

表 10-3　长期股权投资明细表 2019

被审计单位：				财务报表截止日/期间：20191231		索引号：
编制人：		日期：		复核人：	日期：	

项目名称			子公司 A	子公司 B	子公司 C	合计
期初持股比例			90.00%	100.00%	100.00%	
期末持股比例			0	100.00%	0	
投资时间			20120705	20141201	20180823	
投资方式			货币	货币	货币	
投资成本		初始投资成本	900 000.00	2 000 000.00	8 400 000.00	
	审计调整	减值准备	799 671.69	2 000 000.00		2 799 671.69
		账面价值	100 328.31		8 400 000.00	8 500 328.31
		账面余额			310 000.00	310 000.00
	调整后	账面余额	900 000.00	2 000 000.00	8 710 000.00	11 610 000.00
		减值准备	799 671.69	2 000 000.00		2 799 671.69
		账面价值	100 328.31		8 710 000.00	8 810 328.31
借方发生额		账面余额				
		减值准备				
贷方发生额		账面余额	900 000.00		8 400 000.00	9 300 000.00
		减值准备	799 671.69			799 671.69
期末余额	调整前	账面余额		2 000 000.00		2 000 000.00
		减值准备		2 000 000.00		2 000 000.00
		账面价值				
	调整后	账面余额		2 000 000.00		2 000 000.00
		减值准备		2 000 000.00		2 000 000.00
		账面价值				
调整前变动比例						
调整后变动比例						
核算方法			成本法	成本法	成本法	
投资文件索引号						

【资料 10-4】

长期股权投资明细表 2021,如表 10-4 所示。

表 10-4　长期股权投资明细表 2021

被审计单位：			财务报表截止日:20211231		索引号：
编制人：		日期：	复核人：		日期：

项目名称			子公司 B	子公司 D	合计
期初持股比例			100.00%	100.00%	
期末持股比例			100.00%	100.00%	
投资时间			20141201	20200626	
投资方式			货币	货币	
初始投资成本			2 000 000.00	11 000 000.00	
期初余额	调整前	账面余额	2 000 000.00	11 000 000.00	13 000 000.00
		减值准备	2 000 000.00		2 000 000.00
		账面价值		11 000 000.00	11 000 000.00
	审计调整	账面余额			
		减值准备			
	调整后	账面余额	2 000 000.00	11 000 000.00	13 000 000.00
		减值准备	2 000 000.00		2 000 000.00
		账面价值		11 000 000.00	11 000 000.00
本期借方发生额		账面余额		10 000 000.00	10 000 000.00
		减值准备			
本期贷方发生额		账面余额			
		减值准备			
期末余额	调整前	账面余额	2 000 000.00	21 000 000.00	23 000 000.00
		减值准备	2 000 000.00		2 000 000.00
		账面价值		21 000 000.00	21 000 000.00
	审计调整	账面余额			
		减值准备			
	调整后	账面余额	2 000 000.00	21 000 000.00	23 000 000.00
		减值准备	2 000 000.00		2 000 000.00
		账面价值		21 000 000.00	21 000 000.00
调整前变动比例					
调整后变动比例					
核算方法			成本法	成本法	
投资文件索引号					

[资料 10-5]

长期股权投资减值准备测试，如表 10-5 所示。

表 10-5　长期股权投资减值准备测试

被审计单位：

编制人：　　　　　日期：　　　　　财务报表截止日/期间：

复核人：　　　　　日期：　　　　　索引号：

年份	被投资企业	期末余额	减值或不存在减值的理由	减值依据索引号	可收回金额	期末应计提减值准备	期末已计提减值准备	本期应补提减值准备
2019	子公司 B	2 000 000.00				2 000 000.00	2 000 000.00	
	子公司 C	8 710 000.00			8 710 000.00			
	合计	10 710 000.00			8 710 000.00	2 000 000.00	2 000 000.00	
2021	子公司 B	2 000 000.00					2 000 000.00	
	子公司 D	21 000 000.00						
	合计	23 000 000.00					2 000 000.00	

【资料10-6】

长期股权投资检查表，如表10-6所示。

表10-6　长期股权投资检查表

被审计单位：　　　　　　　　　　　　　　财务报表截止日／期间：　　　　　　　　　索引号：

编制人：　　　日期：　　　复核人：　　　日期：

记账日期	凭证号	业务内容	借方发生额	贷方发生额	核对内容				附件资料
					1	2	3	4	
20181231	1382	购买A公司股权	8 400 000.00						
20190626	551	股东会决议吸收合并A公司		8 400 000.00					
20190831	916	C公司2019年5月注销，90万元		900 000.00					
20190831	916	投资款无法收回	799 671.69						
20200630	1158	D公司股权100%转让	1 000 000.00						
20200727	392	付D公司投资款	11 000 000.00						
20200630	1158	D公司股权转让形成价差	17 400.00						
20201130	767	股东会决议吸收D公司		1 017 400.00					
20210330	473	付D公司投资款	10 000 000.00						

核对内容说明：

（1）原始凭证是否齐全。

（2）记账凭证与原始凭证是否相符。

（3）业务处理是否正确。

（4）是否记录于恰当的会计期间。

五、延伸思考

（1）长期股权投资以成本法和权益法核算有哪些区别？

（2）结合表 10-3 和表 10-4，分析可能导致长期股权投资减值的原因。

（3）编制长期股权投资成本法核算检查表。

（4）对比同一控制下的企业合并与非同一控制下的企业合并，长期股权投资的初始计量有何不同？

案例十一　商誉及其减值审计

一、案例分析目标

商誉是指能在未来期间为企业经营带来超额利润的潜在经济价值,或一家企业预期的获利能力超过可辨认资产正常获利能力的资本化价值。自创的商誉不予入账,在会计实务中,按照《企业会计准则第20号——企业合并》的规定,在非同一控制下的企业合并中,购买方对合并成本大于合并中取得的被购买方可辨认净资产公允价值份额的差额,应当确认为商誉。近年来,上市公司巨额商誉减值频繁出现,引发了资本市场的关注和热议。

通过本案例分析,读者应了解商誉审计的主要工作内容和侧重点,熟悉工作流程,掌握各种审计工作底稿的编制程序和方法,能够针对特定案例评价商誉及其减值准备会计处理的合规性与公允性。

二、案例分析中涉及的主要审计准则

(1)《中国注册会计师审计准则第1251号——评价审计过程中识别出的错报》。

(2)《中国注册会计师审计准则第1312号——函证》。

(3)《中国注册会计师审计准则第1323号——关联方》。

(4)《中国注册会计师审计准则第1401号——对集团财务报表审计的特殊考虑》。

(5)《中国注册会计师审计准则第1421号——利用专家的工作》。

三、案例分析提示

商誉及其减值审计工作中应重点关注的内容包括以下几个方面:

(1)了解被审计单位及其环境以识别和评估重大错报风险时,注册会计师应结合商誉减值事项的重要程度及不确定性程度,恰当认定其风险性质,以确定其是否为认定层次的重大错报风险。

(2)被审计单位是否合理区分并分别处理商誉减值事项和并购重组相关方的业绩补偿事项。

(3)被审计单位是否充分关注商誉所在资产组或资产组组合的宏观环境、行业环境、实际经营状况及未来经营规划等因素,合理判断商誉是否存在减值迹象;被审计单位采用预计未来现金净流量的现值估计可收回金额时,是否合理预测未来现金净流量、折现率和预测期,是否充分考虑减值迹象等不利事项对未来现金净流量、折现率、预测期等关键参数的影响,合理确定可收回金额。

(4) 被审计单位是否在充分考虑能够受益于企业合并协同效应的资产组或资产组组合基础上,将商誉账面价值按各资产组或资产组组合的公允价值所占比例进行分摊;将商誉分摊至相关资产组或资产组组合时,是否充分关注归属于少数股东的商誉,先将归属于母公司股东的商誉账面价值调整为全部商誉账面价值,再合理分摊至相关资产组或资产组组合。

(5) 被审计单位是否在充分考虑宏观、行业、地域、特定市场、特定市场主体风险因素的基础上预测折现率,并与未来现金净流量均一致采用税前口径。

(6) 被审计单位在确定未来现金净流量的预测期时,是否建立在经管理层批准的最近财务预算或预测数据基础上,原则上最多涵盖5年;在确定相关资产组或资产组组合的未来现金净流量的预测期时,还应考虑相关资产组或资产组组合所包含的主要固定资产、无形资产的剩余可使用年限,不应存在显著差异。

四、案例资料

【资料 11】

根据《企业会计准则第20号——企业合并》的规定,因企业合并所形成的商誉和使用寿命不确定的无形资产,无论是否存在减值迹象,每年都应当进行减值测试。因此企业应使用商誉的实质性程序如表 11-1 所示。

2019 年 6 月 30 日,M 公司以非同一控制下企业合并的方式收购 N 公司 60%股权,合并成本 28 650 000.00 元,合并日 N 公司可辨认净资产的公允价值为 39 253 008.26 元,M 公司占有份额 23 551 804.96 元,产生合并商誉 5 098 195.04 元(表 11-2)。

M 公司将 N 公司作为一个资产组及资产组组合,对收购形成的商誉分摊到该资产组及资产组组合进行减值测试,该资产组的可收回金额按照预计未来现金流量的现值确定,具体资料可见表 11-3 和表 11-4。经减值测算,截至 2021 年 12 月 31 日,预计 N 公司资产组未来现金流量的现值为 60 434 853.00 元,具体资料可见表 11-5,高于包含整体商誉的资产组的公允价值59 882 533.37 元,未发现商誉有明显减值情况,未计提减值准备。

有关测算依据包括:

(1) 含税营业收入 = 不含税营业收入×1.1。

(2) 调查多家同类同规模新三板上市公司情况后,发现行业平均销售净利率为12.38%,预测各年净利润时取值12%。

(3) 预测期前两年,每年增加固定资产投资 1 250 000.00 元,之后每年增加固定资产投资 1 050 000.00 元。

(4) N 公司有两笔借款,一笔为 12 000 000.00 元,年利率 6.318%;另一笔为5 000 000.00 元,年利率8%,利息支出共计 1 158 160.00 元。

（5）未来现金流量基于 N 公司的销售预算确定，并采用 10% 的折现率。

表 11-1　商誉的实质性程序

被审计单位：		财务报表截止日/期间：			索引号：
编制人：　　　　日期：		复核人：　　　　　日期：			

	审计目标	财务报表认定				
		存在	完整性	权利和义务	计价和分摊	列报
A	资产负债表中记录的商誉是存在的	√				
B	所有应当记录的商誉均已记录		√			
C	记录的商誉由被审计单位拥有或控制			√		
D	商誉以恰当的金额包括在财务报表中，与之相关的计价调整已恰当记录				√	
E	商誉已按照企业会计准则的规定在财务报表中作出恰当列报					√
	计划实施的实质性程序	存在	完整性	权利和义务	计价和分摊	列报
1.	获取或编制商誉明细表，复核加计是否正确，并与总账数和明细账合计数核对相符；结合"商誉减值准备"科目与报表数核对是否相符				√	
2.	检查商誉的增加 （1）获取有关合并协议和合并双方的董事会决议等文件、资料，结合企业合并的审计，判断合并是否属于非同一控制的企业合并，了解企业合并的目的；检查商誉增加是否真实，如果合并属于非同一控制的企业合并，判断购买日的确定是否正确 （2）获取企业合并的相关审计报告、资产评估报告，结合企业合并的审计，分析被购买方可辨认净资产公允价值份额的合理性，检查会计处理是否正确 （3）特别关注分步实现企业合并时，商誉的计算是否正确	√	√	√	√	
3.	检查本期商誉减少原因，分析是否合理，会计处理是否正确	√	√		√	
4.	检查商誉减值准备 （1）获取或编制商誉减值明细表，复核加计正确，并与总账数和明细账合计数核对相符 （2）检查商誉减值准备计提和转销的批准程序，取得书面报告等证明文件 （3）检查被审计单位是否在期末结合与商誉相关的资产组或资产组组合对商誉进行了减值测试；计提商誉减值的依据是否充分，会计处理是否正确；检查减值是否一经确认，不予转回 （4）检查商誉减值准备的计算和会计处理是否正确 （5）检查商誉减少时，相应的减值准备是否一并结转，会计处理是否正确 （6）检查期后事项，评价商誉减值准备的合理性				√	
5.	根据评估的舞弊风险等因素增加的审计程序					
6.	检查商誉是否已按照企业会计准则的规定在财务报表中作出恰当列报					√

表 11-2 N 公司合并商誉

商誉名称	是否属于非同一控制	购买日期	合并成本①	被购买方可辨认净资产公允价值	持股比例	被购买方可辨认净资产公允价值份额②	商誉（当①>②时）③=①-②	负商誉（当②>①时）③=②-①	索引号
N公司合并商誉	是	20190630	28 650 000.00	39 253 008.26	60%	23 551 804.96	5 098 195.04		
合计			28 650 000.00	39 253 008.26		23 551 804.96	5 098 195.04		

表 11-3 营业收入预测表

预测基准日：2021 年 12 月 31 日

单位：未来预测数

序号	产品名称	2022 年			2023 年			2024 年			2025 年			2026 年			永续期		
		数量	单价	金额	数量	单价	金额	数量	单价	金额	数量	单价	金额	数量	单价	金额	数量	单价	金额
1	A	40	135	5 400	50	135	6 750	50	135	6 750	50	135	6 750	50	135	6 750	50	135	6 750
2	B	10	315	3 150	10	315	3 150	10	300	3 000	11	300	3 300	11	280	3 080	11	280	3 080
3	C	8	170	1 360	12	170	2 040	15	170	2 550	18	170	3 060	20	170	3 400	20	170	3 400
4	D	20	170	3 400	20	170	3 400	20	170	3 400	20	170	3 400	20	170	3 400	20	170	3 400
5	E		55		10	55	550	20	55	1 100	20	55	1 100	20	55	1 100	20	55	1 100
	合计含税收入			13 310			15 890			16 800			17 610			17 730			17 730

注：销售数量单位"万千克"，单价单位"元/千克"，销售金额单位"百万元"。

表 11-4 营运资金预测表

预测基准日：2021 年 12 月 31 日

项目	历史数据	未来预测					
	2021 年	2022 年	2023 年	2024 年	2025 年	2026 年	永续期
流动资产：							
应收账款	1 544 462.50	2 654 384.22	3 168 907.99	3 350 387.30	3 511 923.83	3 535 855.17	3 535 855.17
预付款项	1 896 782.39	3 259 897.38	3 891 793.34	4 114 671.37	4 313 057.31	4 342 447.82	4 342 447.82
其他应收款	19 301.37	19 301.37	19 301.37	19 301.37	19 301.37	19 301.37	19 301.37
流动资产合计	3 460 546.26	5 933 582.97	7 080 002.69	7 484 360.04	7 844 282.51	7 897 604.36	7 897 604.36
流动负债：							
应付账款	10 808 071.88	15 575 248.99	19 175 860.74	20 445 843.95	21 576 268.57	21 743 738.88	21 743 738.88
预收款项	2 297 440.00	3 948 485.96	4 713 857.39	4 983 813.98	5 224 105.01	5 259 703.68	5 259 703.68
应付职工薪酬	1 062 083.00	1 825 344.65	2 179 168.03	2 303 966.20	2 415 050.28	2 431 507.18	2 431 507.18
应交税费	8 791.26	471 395.83	1 646 179.92	1 740 454.55	1 824 369.32	1 836 801.14	1 836 801.14
其他应付款	1 419 548.30	1 419 548.30	1 419 548.30	1 419 548.30	1 419 548.30	1 419 548.30	1 419 548.30
流动负债合计	15 595 934.44	23 240 023.72	29 134 614.38	30 893 626.97	32 459 341.48	32 691 299.19	32 691 299.19
营运资金占用		−17 306 440.75	−22 054 611.68	−23 409 266.93	−24 615 058.97	−24 793 694.83	−24 793 694.83
营运资金变动		−17 306 440.75	−4 748 170.93	−1 354 655.25	−1 205 792.04	−178 635.86	

表11-5　现金流量预测表

预测基准日：2021年12月31日

项目名称	未来预测					永续年	备注
	2022年	2023年	2024年	2025年	2026年		
含税营业收入	133 100 000.00	158 900 000.00	168 000 000.00	176 100 000.00	177 300 000.00	177 300 000.00	
销售净收入	121 000 000.00	144 454 545.45	152 727 272.73	160 090 909.09	161 181 818.18	161 181 818.18	
销售净利率	12%	12%	12%	12%	12%	12%	
净利润	14 520 000.00	17 334 545.45	18 327 272.73	19 210 909.09	19 341 818.18	19 341 818.18	
加：折旧摊销	5 096 477.16	5 052 557.58	5 008 638.00	4 947 150.59	4 903 231.01	4 903 231.01	
加：利息支出	1 158 160.00	1 158 160.00	1 158 160.00	1 158 160.00	1 158 160.00	1 158 160.00	
企业所得税税率	25%	25%	25%	25%	25%	25%	
企业所得税税额	5 200 966.21	5 893 622.68	6 130 824.60	6 336 361.84	6 358 109.22	6 358 109.22	
减：资本性支出	1 250 000.00	1 250 000.00	1 050 000.00	1 050 000.00	1 050 000.00	1 050 000.00	
减：营运资金增减	-17 306 440.75	-4 748 170.93	-1 354 655.25	-1 205 792.04	-178 635.86	-178 635.86	
净现金流	21 257 406.96	9 391 793.61	6 435 479.85	6 492 153.87	5 486 745.07	5 486 745.07	
折现率（r）	10.00%	10.00%	10.00%	10.00%	10.00%	10.00%	
折现期数（i）	0.50	1.50	2.50	3.50	4.50		
折现系数	0.9535	0.8668	0.7880	0.7164	0.6512		
净现金流量现值	20 268 142.28	8 140 658.04	5 071 065.52	4 650 658.03	3 573 120.80	35 731 208.00	
现金流量现值和				77 434 853.00			
股东权益价值				77 405 625.33 - 17 000 000.00 = 60 405 625.33			

五、延伸思考

（1）如何理解资产组或资产组组合？

（2）什么是业绩补偿承诺？业绩补偿承诺是否影响商誉的计量？业绩补偿承诺是否影响商誉减值测试？

（3）设计风险应对措施时，注册会计师应如何对重大的商誉减值事项设计有针对性的进一步审计程序？

（4）结合商誉及其减值审计工作中应重点关注的内容，案例中的减值测试过程可能存在哪些应完善或补充说明的地方？

案例十二　货币资金审计

一、案例分析目标

货币资金是企业流动性最强的资产,与其他业务循环交织在一起,容易发生贪污、挪用等重大舞弊行为,往往是审计中的重点领域。货币资金审计的目标,是确定货币资金是否存在、其相关记录是否完整、是否按照财经法纪使用、在财务报表上的披露是否恰当。

通过本案例分析,应了解货币资金审计的主要工作内容和侧重点,熟悉工作流程,掌握各种审计工作底稿的编制程序和方法,能够针对特定案例评价货币资金会计处理的合规性与公允性。

二、案例分析中涉及的主要审计准则

(1)《中国注册会计师审计准则第 1141 号——财务报表审计中与舞弊相关的责任》。

(2)《中国注册会计师审计准则第 1312 号——函证》。

(3)《中国注册会计师审计准则第 1314 号——审计抽样》。

三、案例分析提示

货币资金审计工作中应重点关注的内容包括以下几个方面。

1. 现金审计

(1)突击盘点存放在保险柜内的所有物件,出纳人员或现金保管人员自行盘点,注册会计师监盘,必要时应现场进行复核。

(2)同时存放在不同地点的库存现金应同时盘点,以防止互相挪用;现金盘点表中应有被审计单位出纳、会计负责人和注册会计师签字。

(3)如果盘点中发现充抵库存现金的借条、未提现支票、未作报销的原始凭证,如职工借款条、无发票的费用、银行个人存折、个人信用卡等,应检查其款项性质,并在盘点表中注明;如有必要,应作出调整。

(4)对盘点中多出来的款项、存单、有价证券,或其他证件,应追查原因。

（5）如果被审计单位违反《中华人民共和国现金管理暂行条例》及实施细则的规定，频繁使用大额现金收付，注册会计师对此应充分关注，需检查凭证内容的完整性、计算的正确性及是否具有法律上的证明效力。

2. 银行存款审计

（1）检查银行存单需注意的事项：一般情况下，单位定期存款，没有存单，只有开户证实书。如果被审计单位提供的是存单，而非开户证实书，注册会计师应加以重视，并向被审计单位询问存单的来源及存单开具的原因，以防有未披露的银行存款质押、款项提前支取或存款已背书转让等事项。

（2）银行函证需注意的事项：一是，一般情况下，注册会计师应对被审计单位所有银行存款账户向银行进行函证，注意将同一银行的不同账户存款、贷款、票据、担保等一并函证，强调由审计项目组成员亲自寄函，并由银行将回函寄往会计师事务所，收到回函应同时保留信封；二是，如果资产负债表日银行存款余额为零且已经销户，注册会计师应取得相关的银行销户通知书；三是，对未实施函证的账户，注册会计师应取得被审计单位不同意函证的书面说明；四是，在审计中，有可能遇到存款人是公司高管个人、出纳个人、或被审计单位关联方等情况，注册会计师应取得该账户户主和被审计单位的书面声明，确认资产负债日是否需要调整，同时检查存折或电子银行打印的资金流水。

（3）检查银行存款日记账和对账单需注意的事项：注册会计师应取得被审计单位审计期间内所有的银行存款对账单，将对账单与银行日记账一一核对，重点检查银行存款日记账的原始凭证记载信息和对账单所记载信息是否相符。

3. 其他货币资金审计

重点关注短期理财情况，视其重要性在报告中披露。

四、案例资料

【资料 12-1】

银行存款的实质性程序，如表 12-1 所示。

表 12-1　银行存款的实质性程序

被审计单位：		财务报表截止日/期间：				索引号：	
编制人：	日期：	复核人：		日期：			
审计目标与审计计划的衔接		财务报表认定					
		存在	完整性	权利和义务	计价和分摊	列报	
1	评估的重大错报风险水平						
2	控制测试结果是否支持风险评估结论						
3	需从实质性程序获取的保证程度						

（续表）

计划实施的实质性程序	存在	完整性	权利和义务	计价和分摊	列报
1. 获取或编制余额明细表,复核加计是否正确,并与总账数和日记账合计数核对是否相符;向被审计单位在本期存过款的银行(包括双零账户和账户已结清的银行)实施函证程序。如果有充分证据表明某一银行存款信息对财务报表不重要且与之相关的重大错报风险很低,可不对这些项目实施函证程序,并在审计工作底稿中说明理由	√	√	√	√	
2. 取得银行对账单并检查银行存款余额调节表,取得被审计单位的银行存款余额对账单,并与银行询证函回函核对,确认是否一致				√	
3. 编制银行函证结果汇总表,检查银行回函;确定被审计单位账面余额与银行函证结果的差异,调查不符事项,确定是否表明存在错报	√	√	√	√	
4. 检查"银行存款"账户存款人是否为被审计单位,若存款人非被审计单位,应获取该账户户主和被审计单位的书面声明,确认资产负债表日是否需要调整	√	√	√		
5. 获取被审计单位所有银行账户声明书,检查被审计单位银行基本户开户信息,与账面记录核对,对被审计单位基本户开户信息上列示的信息与账面记录核对的差异进行分析		√			
6. 关注是否存在质押、冻结等对变现有限制或存在境外的款项,是否已做必要的调整和披露				√	
7. 抽查大额银行存款收支的原始凭证,检查原始凭证是否齐全、有无授权批准、记账凭证与原始凭证是否相符、账务处理是否正确、是否记录于恰当的会计期间等;检查是否存在非营业目的的大额货币资金转移,并核对相关账户的进账情况。如有与被审计单位生产经营无关的收支事项,应查明原因并作相应的记录				√	
8. 对不符合现金及现金等价物条件的银行存款在审计工作底稿中予以列明,以考虑对现金流量表的影响					√

【资料12-2】

银行账户清单与开户信息核对表，如表12-2所示。

表12-2 银行账户清单与开户信息核对表

被审计单位：　　　　　　　　　索引号：

编制人：　　　日期：

复核人：　　　日期：

财务报表截止日/期间：

序号	开户行	账号	币种	开户名是否本公司	是否正常	是否已核销	是否本公司实际使用	备注
1	工商银行佛山D支行	23024214359	人民币	√	√	×	√	
2	农业银行佛山D支行	44525002057	人民币	√	√	√	√	2020年8月销户
3	中国银行佛山D支行	72896863026	人民币	√	√	×	√	2020年7月新增
4	中国银行佛山D支行	67436862764	人民币	√	√	×	√	2020年7月新增

【资料12-3】

银行存款收支截止测试表，如表12-3所示。

表12-3 银行存款收支截止测试表

被审计单位：　　　　　　　　　索引号：

编制人：　　　日期：

复核人：　　　日期：

财务报表截止日/期间：

项目		记账日期	凭证号	业务内容	对应科目	借方金额	贷方金额	附件材料	是否跨期
截止日前	1	20201231	703	发放工资	应付职工薪酬		317 071.32		
	2	20201231	143	支付混凝土工程款	应付账款		300 000.00		
	3	20201231	148	支付掏箱费	主营业务成本		260 225.00		
	4	20201231	202	收到监管费	应收账款	318 543.87			
	5	20201231	33	收客户仓储费	应收账款	255 420.76			

（续表）

项目		记账日期	凭证号	业务内容	对应科目	借方金额	贷方金额	附件材料	是否跨期
截止日后	1	20210131	记1	客户过户费	应收账款	555.51			
	2	20210131	记2	客户仓储费	应收账款	21 686.89			
	3	20210131	记3	客户出库费	应收账款	200 128.51			
	4	20210131	记4	客户过户费	应收账款	844.96			

【资料12-4】

大额银行存款收支检查表,如表12-4所示。

表12-4 大额银行存款收支检查表

被审计单位：　　　　财务报表截止日/期间：　　　　索引号：
编制人：　　　　复核人：　　　　日期：
日期：

记账日期	凭证号	业务内容	对应科目	金额	核对内容					附件资料
					1	2	3	4	5	
2020-01-16	记155	J金属资源有限公司	应收账款	427 920.00						
2020-01-25	记458	J金属资源有限公司	应收账款	332 700.00						
2020-02-28	记267	F有限公司退保证金	其他应收款	1 200 000.00						
2020-02-28	记301	混凝土有限公司工程款	应付账款	300 000.00						
2020-03-31	记138	H有限公司装卸费	应收账款	300 000.00						
2020-03-31	记148	H有限公司装卸费	应收账款	700 000.00						
2020-03-31	记51	J金属资源有限公司	应收账款	556 493.70						
2020-04-30	记148	J金属公司4月份监管费	应收账款	161 487.00						

（续表）

记账日期	凭证号	业务内容	对应科目	金额	核对内容 1	2	3	4	5	附件资料
2020-04-30	记235	H有限公司往来款	其他应收款	380 000.00						
2020-04-30	记41	支付正面吊余款	应付账款	1 500 000.00						
2020-05-31	记236	L公司3月前过户费	应收账款	244 133.30						
2020-06-30	记32	港口设备公司退预付款	应付账款	250 000.00						
2020-06-30	记37	J金属资源有限公司监管费	应收账款	330 641.32						
2020-07-31	记21	付土地租金	预付账款	2 673 291.60						
2020-07-31	记284	H有限公司还往来借款	其他应收款	6 819 176.79						
2020-07-31	记286	花地湾运输公司运输费	应付账款	496 704.87						
2020-07-31	记287	运输费	应付账款	531 485.00						
2020-07-31	记288	还借款	其他应收款	510 435.00						
2020-07-31	记290	装卸费	应付账款	537 365.00						
2020-07-31	记292	运输费	应付账款	333 095.00						
2020-08-31	记260	H有限公司往来款	其他应收款	300 000.00						
2020-08-31	记29	天山铝业入库费	应付账款	200 000.00						
2020-08-31	记47	威创建筑工程款	应付账款	1 856 307.92						
2020-08-31	记497	供应链服务公司正面吊款	应收账款	2 069 088.34						

（续表）

记账日期	凭证号	业务内容	对应科目	金额	核对内容					附件资料
					1	2	3	4	5	
2020-08-31	记 507	收到投资款	实收资本	1 988 038.00						
2020-09-30	记 50	2020 年 5～7 月仓储费	应收账款	152 708.47						
2020-09-30	记 65	J 公司仓库监管费	应收账款	361 184.32						
2020-10-31	记 164	2020 年 5～6 月仓储费	应收账款	170 195.37						
2020-10-31	记 212	预缴第三季度所得税	应交税费	612 411.70						
2020-10-31	记 461	2020 年 3～7 月仓储费	应收账款	221 771.29						
2020-11-30	记 127	H 有限公司往来款	银行存款	400 000.00						
2020-11-30	记 196	威创公司退工资保证金	其他应收款	299 500.00						
2020-12-31	记 202	J 金属资源有限公司监管费	应收账款	318 543.87						
2020-12-31	记 33	2020 年 8～9 月仓储费	应收账款	255 420.76						

核对内容说明：

（1）原始凭证是否齐全。

（2）记账凭证与原始凭证是否相符。

（3）收款凭证的对应科目与付款单位的户名一致，付款凭证的对应科目与收款单位的户名一致。

（4）收款凭证账务处理正确。

（5）是否记录于恰当的会计期间。

【资料 12-5】

现金收支截止测试表，如表 12-5 所示。

表 12-5 现金收支截止测试表

被审计单位：　　　　　　　　　　　财务报表截止日/期间：　　　　　索引号：

编制人：　　　　日期：　　　复核人：　　　日期：

项目		记账日期	凭证号	业务内容	对应科目	借方金额	贷方金额	附件材料	是否跨期
截止日前	1	20201231	记6	现金返纳	银行存款		50 173.00		
	2	20201231	记9	备用金	银行存款	40 000.00			
	3	20201231	记153	现金返纳	银行存款		104 184.90		
	4	20201231	记329	付叉车配件款	应付账款		21 765.00		
	5	20201231	记331	预收客户出库费	应收账款	78 533.00			
	6	20201231	记411	备用金	银行存款	10 000.00			
	7	20201231	记414	现金返纳	银行存款		127 038.22		
截止日后	1	20210131	记-313	员工返还借支款	其他应收款	10 000.00			
	2	20210131	记-308	优秀员工奖金	应付职工薪酬		5 000.00		
	3	20210131	记-129	报销出差款	管理费用		4 100.00		
	4	20210131	记-309	报销餐费、交通费	管理费用		4 056.00		

【资料 12-6】

大额现金收支检查表，如表 12-6 所示。

表12-6 大额现金收支检查表

被审计单位：　　　　　　　　　　　　财务报表截止日/期间：　　　　　　　　索引号：

编制人：　　　日期：　　　复核人：　　　日期：

记账日期	凭证号	业务内容	对应科目	借方金额	贷方金额	核对内容				附件资料
						1	2	3	4	
2020-01-11	记22	支付PVC人工装卸费	主营业务成本		41 890.00					
2020-02-28	记15	1月份职工工资	应付职工薪酬		20 630.63					
2020-03-31	记123	收客户出库费	应收账款	21 089.00						
2020-03-31	记177	收客户出库费	应收账款	20 865.00						
2020-04-30	记9	收客户出库费	应收账款	35 466.00						
2020-04-30	记12	收客户出库费	应收账款	26 041.00						
2020-04-30	记22	报销装卸费	主营业务成本		20 427.00					
2020-04-30	记32	收客户出库费	应收账款	22 393.00						
2020-05-31	记136	金彤购端午节礼品	其他应收款		22 400.00					
2020-05-31	记198	报销装卸费	主营业务成本		32 682.56					
2020-06-30	记109	预收客户出库费	应收账款	30 498.00						
2020-06-30	记110	现金返纳	银行存款		30 498.00					
2020-06-30	记123	预收客户出库费	应收账款	60 678.00						
2020-06-30	记404	预收客户出库费	应收账款	34 540.00						
2020-07-31	记5	现金返纳	银行存款		22 495.00					
2020-07-31	记9	预收客户出库费	应收账款	22 495.00						
2020-07-31	记10	取现备用金	银行存款	20 000.00						
2020-07-31	记174	预收客户出库费	应收账款	20 037.58						
2020-08-31	记8	备用金	银行存款	49 900.00						
2020-08-31	记9	预收客户出库费	应收账款	55 623.00						
2020-08-31	记255	现金返纳	银行存款		45 695.00					
2020-08-31	记276	预收客户出库费	应收账款	32 695.00						

（续表）

记账日期	凭证号	业务内容	对应科目	借方金额	贷方金额	核对内容				附件资料
						1	2	3	4	
2020-09-30	记2	现金返纳	银行存款		31 757.00					
2020-09-30	记15	预收客户出库费	应收账款	31 757.00						
2020-09-30	记17	取备用金	银行存款	49 900.00						
2020-09-30	记279	预收客户出库费	应收账款	41 466.00						
2020-10-31	记73	备用金	银行存款	49 900.00						
2020-10-31	记214	预收客户出库费	应收账款	48 416.00						
2020-10-31	记215	现金返纳	银行存款		79 416.00					
2020-11-30	记60	现金返纳	银行存款		48 779.00					
2020-11-30	记325	预收客户出库费	应收账款	46 606.00						
2020-11-30	记326	收到客户车款	应收账款	29 000.00						
2020-12-31	记9	备用金	银行存款	40 000.00						
2020-12-31	记329	付好友佳叉车配件款	应收账款		21 765.00					
2020-12-31	记331	预收客户出库费	应收账款	78 533.00						
2020-12-31	记417	现金返纳	银行存款		127 038.22					
2020-12-31	记414	预收客户出库费	应收账款	127 038.22						

核对内容说明：

（1）原始凭证是否齐全。

（2）记账凭证与原始凭证是否相符。

（3）账务处理是否正确。

（4）是否记录于恰当的会计期间。

五、延伸思考

（1）为什么审计中需要进行货币资金收支截止测试？

（2）根据银行存款函证,编制函证汇总表和银行存款余额调节表。

（3）被审计单位出租出借账号的迹象有哪些？

案例十三　公允价值计量和披露的审计

一、案例分析目标

会计估计是会计中固有的成分。公允价值是指市场参与者在计量日发生的有序交易中出售一项资产所能收到或者转移一项负债所需支付的价格。会计估计（包括公允价值会计估计）和相关披露审计的目标，是获取充分、适当的审计证据以确定在适用的财务报告编制基础上财务报表中确认或披露的会计估计（包括公允价值会计估计）是否合理，财务报表中的相关披露是否充分。

通过本案例分析，读者应了解会计估计（包括公允价值会计估计）和相关披露审计的主要工作内容和侧重点，熟悉工作流程，掌握各种审计工作底稿的编制程序和方法，能够针对特定案例评价会计估计、公允价值计量和披露的合规性与公允性。

二、案例分析中涉及的主要审计准则

（1）《中国注册会计师审计准则第 1211 号——通过了解被审计单位及其环境识别和评估重大错报风险》。

（2）《中国注册会计师审计准则第 1231 号——针对评估的重大错报风险采取的应对措施》。

（3）《中国注册会计师审计准则第 1321 号——审计会计估计（包括公允价值会计估计）和相关披露》。

（4）《中国注册会计师审计准则第 1421 号——利用专家的工作》。

三、案例分析提示

公允价值计量和披露的审计工作中应重点关注以下几个方面：

（1）有序交易，是指在计量日前一段时期内相关资产或负债具有惯常市场活动的交易，不包括清算等被迫交易；主要市场，是指相关资产或负债交易量最大和交易活跃程度最高的市场；最有利市场，是指在考虑交易费用和运输费用后，能够以最高金额出售相关资产或者以最低金额转移相关负债的市场。

（2）第一层次输入值是在计量日能够取得的相同资产或负债在活跃市场上未经调整的报价。活跃市场，是指相关资产或负债的交易量和交易频率足以持续提供定价信息的市场；第二层次输入值是除第一层次输入值外相关资产或负债直接或间接可观察的输入值；第三层次输入值是相关资产或负债的不可观察输入值。

（3）检查被审计单位公允价值计量层次选择的合理性、在各层次之间转换的金额和原因，以及确定各层次之间转换时点的政策，每一层次的转入与转出应当分别披露。

（4）对于第二层次的公允价值计量，被审计单位应当披露使用的估值技术和输入值的描述性信息。当变更估值技术时，被审计单位还应当披露这一变更以及变更的原因。

（5）对于第三层次的公允价值计量，被审计单位应当披露使用的估值技术、输入值和估值流程的描述性信息。当变更估值技术时，被审计单位还应当披露这一变更以及变更的原因。企业应当披露公允价值计量中重要的、可合理取得的、不可观察输入值的量化信息。

（6）对于第三层次的公允价值计量，被审计单位应当披露期初余额与期末余额之间的调节信息，包括计入当期损益的已实现利得或损失总额，以及确认这些利得或损失时的损益项目；计入当期损益的未实现利得或损失总额，以及确认这些未实现利得或损失时的损益项目（如相关资产或负债的公允价值变动损益等）；计入当期其他综合收益的利得或损失总额，以及确认这些利得或损失时的其他综合收益项目；分别披露相关资产的购买、出售、发行和结算情况以及负债的相关情况。

（7）对于第三层次的公允价值计量，当改变不可观察输入值的金额可能导致公允价值显著变化时，被审计单位应当披露有关敏感性分析的描述性信息。

（8）对于金融资产和金融负债，如果为反映合理、可能的其他假设而变更一个或多个不可观察输入值将导致公允价值的重大改变，被审计单位应当披露这一事实、变更的影响金额及其计算方法；当非金融资产的最佳用途与其当前用途不同时，被审计单位应当披露这一事实及其原因。

四、案例资料

【资料 13-1】

会计估计风险评估程序，如表 13-1 所示。

表 13-1　会计估计风险评估程序

被审计单位：		索引号：	
财务报表截止日/期间：			
编制人：	日期：	复核人：	日期：

（续表）

可供选择的审计程序	索引号	执行人
1. 了解与会计估计(包括相关披露)相关的适用的财务报告编制基础的规定		
2. 了解管理层如何识别可能需要作出会计估计并在财务报表中确认或披露的交易、事项和情况		
3. 询问管理层可能导致新的或需要修改现有会计估计的环境变化 (1) 被审计单位是否已从事可能需要作出会计估计的新型交易 (2) 需要作出会计估计的交易的条款是否已改变 (3) 由于适用的财务报告编制基础的要求或其他规定的变化,与会计估计相关的会计政策是否已经相应变化 (4) 可能要求管理层修改或作出新会计估计的外部监管变化或其他不受管理层控制的变化是否已经发生 (5) 是否已经发生可能需要作出新估计或修改现有估计的新情况或事项		
4. 了解管理层如何作出会计估计,以及会计估计所依据的数据 (1) 用以作出会计估计的方法,包括模型(如适用) (2) 相关控制 (3) 管理层是否利用专家的工作 (4) 会计估计所依据的假设 (5) 用以作出会计估计的方法是否已经发生或应当发生不同于上期的变化,以及变化的原因 (6) 管理层是否评估以及如何评估估计不确定性的影响		
5. 复核上期财务报表中会计估计的结果,或者复核管理层在本期财务报表中对上期会计估计作出的后续重新估计(如适用) (1)对上期审计识别出的具有高度估计不确定性的会计估计,或者自上期以来发生重大变化的会计估计进行更加详细的复核 (2) 对因记录常规和重复发生交易而产生的会计估计,实施分析程序		

结论:

【资料 13-2】

了解与会计估计相关的控制,如表 13-2 所示。

表 13-2 了解与会计估计相关的控制

被审计单位:		财务报表截止日/期间:			索引号:	
编制人:　　　　日期:		复核人:　　　　日期:				
序号	控制描述	实施的风险评估程序	执行人	执行时间	结论	缺陷描述
1	确保作出会计估计的人员具备适当的经验与胜任能力					
2	确保作出会计估计所使用的数据具有完整性、相关性和准确性					

（续表）

序号	控制描述	实施的风险评估程序	执行人	执行时间	结论	缺陷描述
3	由适当层级的管理层和治理层(如适用)对会计估计(包括使用的假设或输入数据)进行复核和批准					
4	将批准交易的人员和负责作出会计估计的人员进行职责分离,包括职责分配是否恰当地考虑了被审计单位的性质以及产品或服务的性质					
5	如果被审计单位使用特定模型作出会计估计,针对该模型建立的政策和程序,包括: (1) 为特定目的而设计和开发或选择特定模型 (2) 该模型的使用 (3) 该模型可靠性的维护和定期验证					
6	……					

【资料 13-3】

应对评估的重大错报风险,如表 13-3 所示。

表 13-3　应对评估的重大错报风险

被审计单位:		索引号:	
财务报表截止日/期间:			
编制人:	日期:	复核人:	日期:

一、评估的重大错报风险

二、审计程序

可供选择的审计程序	索引号	执行人
1. 确定截至审计报告日发生的事项是否提供有关会计估计的审计证据		
2. 测试管理层如何作出会计估计以及会计估计所依据的数据,评价采用的计量方法在具体情况下是否恰当,以及根据适用的财务报告编制基础确定的计量目标,管理层使用的假设是否合理 (1) 测试会计估计所依据的数据的准确性、完整性和相关性,以及管理层是否使用这些数据和假设恰当地作出会计估计 (2) 考虑外部数据或信息的来源、相关性和可靠性,包括从管理层聘请的、用以协助其作出会计估计的外部专家那里获取的数据或信息 (3) 重新计算会计估计,并复核有关会计估计信息的内在一致性 (4) 考虑管理层的复核和批准流程		

可供选择的审计程序	索引号	执行人
3. 如果管理层所使用的假设的合理性取决于管理层执行某项措施的意图和能力 (1) 复核管理层过去声称的意图的实现情况 (2) 复核书面计划和其他文档,包括得到正式批准的预算、授权或会议纪要(如适用) (3) 向管理层询问执行某项措施的理由 (4) 复核财务报表日至审计报告日之间发生的事项 (5) 根据被审计单位面临的经济环境,评价其执行某项措施的能力,包括对现有承诺的影响		
4. 测试与管理层如何作出会计估计相关的控制的运行有效性,并实施恰当的实质性程序		
5. 作出注册会计师的点估计或区间估计,以评价管理层的点估计 (1) 如果使用有别于管理层的假设或方法,应充分了解管理层的假设或方法,以确定在作出点估计或区间估计时已考虑了相关变量,并评价与管理层的点估计存在的任何重大差异 (2) 如果认为使用区间估计是恰当的,应基于可获得的审计证据来缩小区间估计,直至该区间估计范围内的所有结果均可被视为合理		
6. 对导致特别风险的会计估计 (1) 评价管理层如何考虑替代性的假设或结果,以及拒绝采纳的原因,或者在管理层没有考虑替代性的假设或结果的情况下,评价管理层在作出会计估计时如何处理估计不确定性 (2) 评价管理层使用的重大假设是否合理 (3) 当管理层实施特定措施的意图和能力与其使用的重大假设的合理性或对适用的财务报告编制基础的恰当应用相关时,评价这些意图和能力 (4) 如果根据职业判断认为管理层没有适当处理估计不确定性对导致特殊风险的会计估计的影响,在必要时作出用于评价会计估计合理性的区间估计 (5) 确定下列方面是否符合适用的财务报告编制基础的规定:① 管理层对会计估计在财务报表中予以确认或不予确认的决策;② 作出会计估计所选择的计量基础		
7. 评价财务报表中的会计估计在适用的财务报告编制基础下是合理的还是存在误导的		
8. 确定与会计估计相关的财务报表披露是否符合适用的财务报告编制基础的规定。对导致特别风险的会计估计,评价在适用的财务报告编制基础下,财务报表中对估计不确定性披露的充分性		
9. 复核管理层在作出会计估计时的判断和决策,识别是否可能存在管理层偏向的迹象		
10. 向管理层和治理层(如适用)获取书面声明,确定其是否认为在作出会计估计时使用的重要假设是合理的		
11. 如果利用注册会计师的专家的工作,完成"利用注册会计师的专家的工作"底稿		
结论:		

【资料 13-4】

比亚迪 2019 年年报(节选)

1. 以公允价值计量的资产和负债

以公允价值计量的资产和负债情况,如表 13-4 所示。

表 13-4 以公允价值计量的资产和负债   单位:千元

2019 年 12 月 31 日

项目	以公允价值计量使用的输入值			合计
	活跃市场报价 第一层次	重要可观察 输入值 第二层次	重要不可观 察输入值 第三层次	
交易性金融资产		34 345		34 345
其他权益工具投资	1 922 304			1 922 304
其他非流动金融资产	8 305	38 303		46 608
应收款项融资		7 009 379		7 009 379
	1 930 609	7 082 027		9 012 636
交易性金融负债		34 307		34 307
其他非流动负债		18 855		18 855
		53 162		53 162

2018 年 12 月 31 日

项目	以公允价值计量使用的输入值			合计
	活跃市场报价 第一层次	重要可观察 输入值 第二层次	重要不可观 察输入值 第三层次	
交易性金融资产		451		451
其他权益工具投资	1 620 969			1 620 969
其他非流动金融资产	6 702	76 807		83 509
应收款项融资		7 773 025		7 773 025
	1 627 671	7 850 283		9 477 954
交易性金融负债		8 559		8 559
其他非流动负债		18 855		18 855
		27 414		27 414

本集团于 2019 年度,并无金融资产和金融负债公允价值计量在第一层次和第二层次之间转移,亦无转入或转出第三层次的情况。

2. 以公允价值披露的资产和负债

以公允价值披露的资产和负债,如表 13-5 所示。

表 13-5　以公允价值披露的资产和负债　　　　　　单位:千元

2019 年 12 月 31 日

	以公允价值计量使用的输入值			合计
	活跃市场报价 第一层次	重要可观察 输入值 第二层次	重要不可观 察输入值 第三层次	
长期应收款		1 240 340		1 240 340
其他流动负债		5 201 085		5 201 085
其他非流动负债		192 239		192 239
银行借款及应付债券		70 777 260		70 777 260
		77 410 924		77 410 924

2018 年 12 月 31 日

	以公允价值计量使用的输入值			合计
	活跃市场报价 第一层次	重要可观察 输入值 第二层次	重要不可观 察输入值 第三层次	
长期应收款		2 134 405		2 134 405
其他流动负债		5 496 811		5 496 811
银行借款及应付债券		59 195 991		59 195 991
		66 827 207		66 827 207

3. 公允价值估值

管理层已经评估了货币资金、应收账款、其他应收款、应付票据、应付账款、银行借款、其他应付款等,因剩余期限不长,公允价值与账面价值相若。

对于长期应收款、租赁负债和其他非流动负债,管理层以现值计量,公允价值与账面价值相若。

本集团财务部负责制定金融工具公允价值计量的政策和程序,并直接向主管会计机构负责人和审计委员会报告。每个资产负债表日,财务部分析金融工具价值变动,确定估值适用的主要输入值,并经主管会计机构负责人审核批准。出于中期财务报表和年度财务报表目的,每年两次与审计委员会讨论估值流程和结果。

金融资产和金融负债的公允价值,以在公平交易中熟悉情况的交易双方自愿进行资产交换或者债务清偿的金额确定,而不是被迫出售或清算情况下的金额。本集团采用以下方法和假设估计公允价值。

（1）长期应收款、长期借款、应付债券采用未来现金流量折现法确定公允价值,以有相似合同条款、信用风险和剩余期限的其他金融工具的市场收益率作为折现率。2019年12月31日,针对长期借款、应付债券等自身不履约风险评估为不重大。

（2）上市的权益工具投资,以市场报价确定公允价值。

（3）本集团与银行订立了衍生金融工具合同中的外汇远期合同,采用类似于远期定价以及现值方法的估值技术进行计量。期权定价模型涵盖了多个市场可观察到的输入值,包括交易对手的信用质量、即期和远期汇率和利率曲线。外汇远期合同的账面价值与公允价值相同。

资料来源:深圳证券交易所官网。

【资料13-5】

药明康德2019年年报(节选)

一、会计政策说明

1. 非上市股权投资公允价值

本集团(无锡药明康德新药开发股份有限公司)对持有的以公允价值计量的金融工具包括对非上市公司或者基金的投资,确定其公允价值时,需采用估值技术并使用不可观察的输入值。该类投资由于没有活跃市场报价,估值过程中使用的关键参数涉及管理层的重大假设和估计。这些假设和估价的变化可能导致相关金融工具公允价值的重大变化。

2. 可转股债券中嵌入衍生金融工具的公允价值

本集团对持有的可转股债券中嵌入衍生金融工具后续按照公允价值计量,确定其公允价值时,需采用估值技术并使用不可观察的输入值。该类衍生金融工具由于没有活跃市场报价,估值过程中使用的关键参数包括股价波动率、无风险利率和预计分红率等,涉及管理层的重大假设和估计。这些假设和估价的变化可能导致嵌入衍生金融工具公允价值的重大变化。

3. 股份支付的公允价值

股份支付费用采用布莱克-斯科尔斯或者二叉树期权定价模型评估授予职工权益工具的公允价值计量。管理层负责对权益工具的公允价值进行评估。在授予日或者重估日,管理层对权益工具估值过程中使用的关键参数假设包括预期的波动率和无风险利率等。这些参数的变化可能会对权益工具的公允价值产生影响,进而对股份支付的费用产生重大影响。

4. 生物资产的公允价值

本集团生物资产金额采用可比市场法按公允价值计量。管理层负责对生物资产的公允价值进行评估。在资产负债表日,公允价值基于同类资产的近期交易价格并考虑生物资产特征的调整系数确定(包括生物资产的年龄、品种及健康状况等)。在确定相关估值技术及生物资产特征的调整系数时需要作出判断和估计。这些参数的变化可能导致相关金融生物资产公允价值的重大变化。

二、以公允价值计量的资产和负债的期末公允价值

以公允价值计量的资产和负债的期末公允价值,如表 13-6 所示。

表 13-6　以公允价值计量的资产和负债的期末公允价值　　　　单位:元

项目	第一层次公允价值计量	第二层次公允价值计量	第三层次公允价值计量	合计
2019 年 12 月 31 日				
一、持续的公允价值计量				
(一)交易性金融资产				
(1)货币市场基金	—	795 702 219.41	—	795 702 219.41
(2)银行理财产品	—	905 935 696.06	—	905 935 696.06
(3)衍生金融资产——远期外汇合约	—	36 755 179.22	—	36 755 179.22
(二)其他非流动金融资产				
权益工具投资	1 156 949 357.14	—	2 852 131 712.43	4 009 081 069.57
(三)生物资产				
(1)消耗性生物资产	—	—	353 963 868.47	353 963 868.47
(2)生产性生物资产	—	—	360 253 830.00	360 253 830.00
持续以公允价值计量的资产总额	1 156 949 357.14	1 738 393 094.69	3 566 349 410.90	6 461 691 862.73
(四)以公允价值计量且其变动计入当期损益的金融负债				
(1)或有对价	—	—	44 227 619.41	44 227 619.41
(2)衍生金融负债——远期外汇合约	—	86 378 137.81	—	86 378 137.81
(3)衍生金融负债——可转债嵌入衍生工具	—	—	298 012 885.51	298 012 885.51
持续以公允价值计量的负债总额		86 378 137.81	342 240 504.92	428 618 642.73
2018 年 12 月 31 日				
一、持续的公允价值计量				
(一)交易性金融资产				
(1)货币市场基金	—	1 019 431 143.49	—	1 019 431 143.49

（续表）

项目	第一层次公允价值计量	第二层次公允价值计量	第三层次公允价值计量	合计
（2）银行理财产品	—	1 105 902 508.84	—	1 105 902 508.84
（3）衍生金融资产——远期外汇合约	—	36 698 274.93	—	36 698 274.93
（4）衍生金融资产——领式期权外汇合约	—	—	355 573.06	355 573.06
（二）其他非流动金融资产				
权益工具投资	940 958 148.40	—	1 138 352 544.23	2 079 310 692.63
持续以公允价值计量的资产总额	940 958 148.40	2 162 031 927.26	1 138 708 117.29	4 241 698 192.95
（三）衍生金融负债				
（1）衍生金融负债——远期外汇合约	—	130 190 354.64	—	130 190 354.64
（2）衍生金融负债——领式期权外汇合约	—	—	23 101 915.54	23 101 915.54
持续以公允价值计量的负债总额	—	130 190 354.64	23 101 915.54	153 292 270.18

三、持续第二层次公允价值计量项目的公允价值确定依据

持续第二层次公允价值计量项目的公允价值确定依据，如表 13-7 所示。

表 13-7　持续第二层次公允价值计量项目的公允价值确定依据　　　单位:元

项目	2019 年 12 月 31 日公允价值	估值技术	输入值
衍生金融资产			
其中:远期外汇合约	36 755 179.22	现金流量折现法	远期汇率、折现率
衍生金融负债			
其中:远期外汇合约	86 378 137.81	现金流量折现法	远期汇率、折现率
货币市场基金	795 702 219.41	现金流量折现法	期望收益、折现率
银行理财产品	905 935 696.06	现金流量折现法	期望收益、折现率

四、持续第三层次公允价值计量项目的公允价值确定依据

持续第三层次公允价值计量项目的公允价值确定依据，如表 13-8 所示。

表 13-8　持续第三层次公允价值计量项目的公允价值确定依据　　　单位:元

项目	2019 年 12 月 31 日公允价值	估值技术	输入值	不可观察输入值和公允价值的变动关系
其他非流动金融资产				
非上市公司股权投资	2 563 112 074.19	近期交易价格倒推法	近期交易价格、预期波动率、无风险利率、赎回概率、IPO 概率、清算概率等	预期波动率越高,公允价值越高;无风险利率越低,公允价值越高
非上市基金投资	289 019 638.24	组合估值法	组合中各项资产的公允价值	组合中各项资产的公允价值越高,公允价值越高
其他非流动负债				
可转债嵌入衍生工具	298 012 885.51	二项式模型	预期波动率、无风险利率	预期波动率越高,公允价值越高;无风险利率越低,公允价值越高
或有对价	44 227 619.42	现金流量折现法	未来收入达成可能性、折现率	未来收入达成可能性越高,公允价值越高;折现率越低,公允价值越高
消耗性生物资产	353 963 868.47	可比市场法	近期交易价格及基于生物资产特征(包括年龄、品种、健康状况等)的调整系数	调整系数变动越大,公允价值变动越大
生产性生物资产	360 253 830.00	可比市场法	近期交易价格及基于生物资产特征(包括年龄、品种、健康状况等)的调整系数	调整系数变动越大,公允价值变动越大

资料来源:上海证券交易所官网。

【资料 13-6】

<h1 style="text-align:center">中信银行 2019 年年报(节选)</h1>

1. 会计政策说明

(1)公允价值估计是根据金融工具的特性和相关市场资料于某一特定时间作出的,一般是主观的。本集团(中信集团)根据以下层级确定及披露金融工具的公允价值。

第一层次,本集团在估值当天可取得的相同资产或负债在活跃市场的报价(未经调整)。该层次包括在交易所上市的权益工具和债务工具以及交易所交易的衍生产品等。

第二层次,输入变量为除了第一层次中的活跃市场报价之外的可观察变量,通过直接或者间接可观察。划分为第二层次的债券投资大部分为人民币债券。这些债券的公允价值按照中央国债登记结算有限责任公司的估值结果确定,此层次还包括发放贷款及垫款中的部分转贴现和福费廷,以及大多数场外衍生工具。外汇远期及掉期、利率掉期、外汇期权等采用现金流折现法和远期定价、掉期模型和期权定价模型;转贴现和福费廷采用现金流折现法对其进行估值。输入参数的来源是彭博、万得和路透交易系统等可观察的公开市场。

第三层次,资产或负债的输入变量基于不可观察的变量。该层次包括一项或多项重大输入为不可观察变量的权益工具和债务工具。管理层从交易对手处询价或使用估值技术确定公允价值,涉及的不可观察变量主要包括折现率和市场价格波动率等参数。

(2)金融资产和金融负债的公允价值是根据以下方式确定的:

第一,拥有标准条款并在活跃市场交易的金融资产和金融负债,其公允价值是参考市场标价的买入、卖出价分别确定。

第二,不在活跃市场交易的金融资产和金融负债,其公允价值是根据公认定价模型或采用对类似工具可观察的当前市场标价根据折现现金流分析而确定。如不存在对类似工具可观察的市场交易标价,则使用交易对手询价进行估值,且管理层对此价格进行了分析。对于非期权类的衍生金融工具,其公允价值利用工具期限内适用的收益率曲线按折现现金流分析来确定;对于期权类的衍生金融工具,其公允价值则利用期权定价模型来确定。

(3)本集团对于金融资产及金融负债建立了独立的估值流程。金融市场部、金融同业部、投资银行部负责金融资产和金融负债的估值工作。风险管理部对于估值方法、参数、假设和结果进行独立验证。运营管理部按照估值流程获取估值结果并按照账务核算规则对估值结果进行账务处理。财务会计部基于经独立审阅的估值结果准备金融资产和金融负债的披露信息。

(4)不同类型金融工具的估值政策和程序由本集团风险管理委员会批准。对估值政策和程序的任何改变,在实际采用前都需要报送风险管理委员会批准。

(5)2019年度,本集团合并财务报表中公允价值计量所采用的估值技术和输入值并未发生重大变化。

2. 不以公允价值计量的金融资产和金融负债的公允价值情况

本集团不以公允价值计量的金融资产和负债主要包括现金及存放中央银行款项、存放同业款项、拆出资金、买入返售金融资产、以摊余成本计量的发放贷款及垫款、债权投资、向中央银行借款、同业及其他金融机构存放款项、拆入资金、卖出回购金融资产款、吸收存款和已发行债务凭证。

本集团上述金融资产和金融负债的到期日大部分均为1年以内或者主要采用浮动利率,其账面价值接近其公允价值,详情如表13-9和表13-10所示。

表 13-9　中信集团金融资产和金融负债的公允价值　　　单位:万元

项目	账面价值		公允价值	
	2019 年 12 月 31 日	2018 年 12 月 31 日	2019 年 12 月 31 日	2018 年 12 月 31 日
金融资产:				
金融投资——债权投资	924 234	778 238	938 830	778 779
金融负债:				
已发行债务凭证				
——已发行存款证(非交易用途)	2 863	2 813	2 789	2 752
——已发行债务证券	81 196	82 091	80 619	80 625
——已发行次级债券	89 555	126 269	89 937	126 041
——已发行同业存单	438 830	341 310	431 706	335 475
——已发行可转换公司债券	37 830		37 730	

表 13-10　中信银行金融资产和金融负债的公允价值　　　单位:万元

项目	账面价值		公允价值	
	2019 年 12 月 31 日	2018 年 12 月 31 日	2019 年 12 月 31 日	2018 年 12 月 31 日
金融资产:				
金融投资——债权投资	924 028	777 883	938 425	778 375
金融负债:				
已发行债务凭证				
——已发行存款证(非交易用途)	78 272	79 017	77 758	77 624
——已发行债务证券	83 907	120 726	84 148	120 399
——已发行次级债券	438 830	341 310	431 706	335 475
——已发行同业存单	37 830		37 730	
——已发行可转换公司债券	924 028	777 883	938 425	778 375

以上金融资产和金融负债的公允价值按公允价值层次列示如表 13-11 和表 13-12 所示。

表 13-11　中信集团公允价值层次列示　　　单位:万元

项目	2019 年 12 月 31 日			
	第一层次	第二层次	第三层次	合计
金融资产:				
金融投资——债权投资	2 063	663 508	273 259	938 830

（续表）

项目	2019 年 12 月 31 日			
	第一层次	第二层次	第三层次	合计
金融负债：				
已发行债务凭证				
——已发行存款证（非交易用途）		2 789		2 789
——已发行债务证券		80 619		80 619
——已发行次级债券	5 789	84 148		89 937
——已发行同业存单		431 706		431 706
——已发行可转换公司债券		37 730		37 730
	2018 年 12 月 31 日			
	第一层次	第二层次	第三层次	合计
金融资产：				
金融投资——债权投资	2 109	501 890	274 780	778 779
金融负债：				
已发行债务凭证				
——已发行存款证（非交易用途）		2 752		2 752
——已发行债务证券		80 625		80 625
——已发行次级债券	5 642	120 399		126 041
——已发行同业存单		335 475		335 475

表 13-12　中信银行公允价值层次列示　　　　　　单位：万元

项目	2019 年 12 月 31 日			
	第一层次	第二层次	第三层次	合计
金融资产：				
金融投资——债权投资	2 063	663 508	272 854	938 425
金融负债：				
已发行债务凭证				
——已发行债务证券		77 758		77 758
——已发行次级债券		84 148		84 148
——已发行同业存单		431 706		431 706
——已发行可转换公司债券		37 730		37 730

（续表）

项目	2018 年 12 月 31 日			
	第一层次	第二层次	第三层次	合计
金融资产：				
金融投资——债权投资	2 109	501 890	274 376	778 375
金融负债：				
已发行债务凭证				
——已发行债务证券		77 624		77 624
——已发行次级债券		120 399		120 399
——已发行同业存单		335 475		335 475

3. 以公允价值计量的金融资产和金融负债的年末公允价值

以公允价值计量的金融资产和金融负债的年末公允价值，如表 13-13 至表 13-16 所示。

表 13-13　中信集团 2019 年年末公允价值　　　　　　　　　单位：万元

项目	2019 年 12 月 31 日			
	第一层次	第二层次	第三层次	合计
持续以公允价值计量的金融资产				
1. 以公允价值计量且其变动计入其他综合收益的发放贷款及垫款				
——一般贷款		922		922
——贴现		307 867		307 867
2. 以公允价值计量且其变动计入当期损益的发放贷款及垫款				
——个人贷款			6 915	6 915
3. 交易性金融资产				
——投资基金	9 962	196 224	12 305	218 491
——债券投资	2 086	30 417	10 367	42 870
——存款证及同业存单		46 792		46 792
——理财产品		133	819	952
——权益工具	1 185		7 239	8 424
——资金信托计划	17			17
4. 其他债权投资				
——债券投资	86 557	516 989	13 248	616 794
——存款证及同业存单	361	4 505		4 866

（续表）

项目	2019 年 12 月 31 日			
	第一层次	第二层次	第三层次	合计
5. 其他权益工具投资				
——权益工具	205	123	2 708	3 036
6. 衍生金融资产				
——利率衍生工具	2	5 201		5 203
——货币衍生工具		11 700		11 700
——贵金属衍生工具		214		214
金融资产总额	100 375	1 121 087	53 601	1 275 063
持续以公允价值计量的金融负债				
1. 交易性金融负债				
——卖空债券	132			132
——结构化产品			715	715
2. 衍生金融负债				
——利率衍生工具		5 176		5 176
——货币衍生工具	29	10 899		10 928
——贵金属衍生工具		732		732
金融负债总额	161	16 807	715	17 683

表 13-14　中信集团 2018 年年末公允价值　　　　单位:万元

项目	2018 年 12 月 31 日			
	第一层次	第二层次	第三层次	合计
持续以公允价值计量的金融资产				
1. 以公允价值计量且其变动计入其他综合收益的发放贷款及垫款				
——一般贷款		137		137
——贴现		96 383		96 383
2. 以公允价值计量且其变动计入当期损益的发放贷款及垫款				
——个人贷款				
3. 交易性金融资产				
——债券投资	2 815	62 319	6 786	71 920
——投资基金	4 879	178 451	5 846	189 176
——存款证及同业存单		16 713		16 713

(续表)

项目	2018 年 12 月 31 日			
	第一层次	第二层次	第三层次	合计
——理财产品			116	116
——权益工具	540		3 921	4 461
——资金信托计划			26 486	26 486
4. 其他债权投资				
——债券投资	64 506	421 783	4 726	491 015
——存款证及同业存单	662	11 982		12 644
5. 其他权益工具投资				
——权益工具	295		2 412	2 707
6. 衍生金融资产				
——利率衍生工具	8	6 098		6 106
——货币衍生工具		24 825	1	24 826
——贵金属衍生工具		1 048		1 048
——信用衍生工具		11		11
金融资产总额	73 705	819 750	50 294	943 749
持续以公允价值计量的金融负债				
1. 交易性金融负债				
——卖空债券	962			962
2. 衍生金融负债				
——利率衍生工具	12	5 962		5 974
——货币衍生工具		24 500	1	24 501
——贵金属衍生工具		1 170		1 170
——信用衍生工具		1		1
金融负债总额	974	31 633	1	32 608

表 13-15　中信银行 2019 年年末公允价值　　　　单位：万元

项目	2019 年 12 月 31 日			
	第一层次	第二层次	第三层次	合计
持续以公允价值计量的金融资产				
1. 以公允价值计量且其变动计入其他综合收益的发放贷款及垫款				
——一般贷款		922		922
——贴现		307 867		307 867

（续表）

项目	2019 年 12 月 31 日			
	第一层次	第二层次	第三层次	合计
2. 交易性金融资产				
——投资基金	9 962	196 224	6 659	212 845
——债券投资	523	30 262	13 493	44 278
——存款证及同业存单		46 792		46 792
——权益工具			4 662	4 662
3. 其他债权投资				
——债券投资	26 161	511 469	13 244	550 874
4. 其他权益工具投资				
——权益工具		123	2 458	2 581
5. 衍生金融资产				
——利率衍生工具		3 951		3 951
——货币衍生工具		7 085		7 085
——贵金属衍生工具		214		214
金融资产总额	36 646	1 104 909	40 516	1 182 071
持续以公允价值计量的金融负债				
衍生金融负债				
——利率衍生工具		3 946		3 946
——货币衍生工具	29	6 200		6 229
——贵金属衍生工具		732		732
金融负债总额	29	10 878		10 907

表 13-16　中信银行 2018 年年末公允价值　　　　单位:万元

项目	2018 年 12 月 31 日			
	第一层次	第二层次	第三层次	合计
持续以公允价值计量的金融资产				
1. 以公允价值计量且其变动计入其他综合收益的发放贷款及垫款				
——一般贷款		137		137
——贴现		96 383		96 383
2. 交易性金融资产				
——债券投资	1 734	62 134	1 909	65 777

（续表）

项目	2018 年 12 月 31 日			
	第一层次	第二层次	第三层次	合计
——投资基金	4 879	178 452	203	183 534
——存款证及同业存单		16 713		16 713
——权益工具			1 049	1 049
——资金信托计划			26 469	26 469
3. 其他债权投资				
——债券投资	21 512	416 842	4 714	443 068
4. 其他权益工具投资				
——权益工具	84		2 158	2 242
5. 衍生金融资产				
——利率衍生工具		5 422		5 422
——货币衍生工具		20 089	1	20 090
——贵金属衍生工具		1 048		1 048
——信用衍生工具		11		11
金融资产总额	28 209	797 231	36 503	861 943
持续以公允价值计量的金融负债				
1. 交易性金融负债				
——卖空债券	962			962
2. 衍生金融负债				
——利率衍生工具		5 387		5 387
——货币衍生工具		19 225	1	19 226
——贵金属衍生工具		1 170		1 170
——信用衍生工具		1		1
金融负债总额	962	25 783	1	26 746

4. 第三层次公允价值本年度的变动情况

第三层次公允价值本年度的变动情况如表 13-17 和表 13-18 所示。

表 13-17 中信集团第三层次公允价值本年度的变动情况　　　　　单位:万元

项目	资产					负债		
	交易性金融资产	其他债权投资	其他权益工具投资	衍生金融资产	合计	交易性金融负债	衍生金融负债	合计
2018 年 1 月 1 日	45 535	4 850	237	1	50 623		(1)	(1)
利得或损失(当期损益)	194	(40)		1	155		(1)	(1)
利得或损失(其他综合收益)		102	(9)		93			
购买	8 549	1 700	2 185		12 434			
出售和结算	(11 105)	(1 926)		(1)	(13 032)		1	1
转出/转入第三层级类别		39			39			
汇率变动影响	(18)	1	(1)		(18)			
2018 年 12 月 31 日	43 155	4 726	2 412	1	50 294		(1)	(1)
利得或损失(当期损益)	924	(226)	(17)		681			
利得或损失(其他综合收益)		145	14		159			
购买	17 819	12 159	785		30 763	(715)		(715)
出售和结算	(31 095)	(3 557)	(486)	(1)	(35 139)		1	1
转出/转入第三层级类别	(68)				(68)			
汇率变动影响	(5)	1			(4)			
2019 年 12 月 31 日	30 730	13 248	2 708		46 686	(715)		(715)

表 13-18 中信银行第三层次公允价值本年度的变动情况　　　　　单位:万元

项目	资产					负债	
	交易性金融资产	其他债权投资	其他权益工具投资	衍生金融资产	合计	衍生金融负债	合计
2018 年 1 月 1 日	39 025	4 847	3	1	43 876	(1)	(1)
利得或损失(当期损益)	679	(40)		1	640	(1)	(1)
利得或损失(其他综合收益)		102	1		103		
购买	1 031	1 700	2 154		4 885		
出售和结算	(11 105)	(1 895)		(1)	(13 001)	1	1

（续表）

项目	资产					负债	
	交易性金融资产	其他债权投资	其他权益工具投资	衍生金融资产	合计	衍生金融负债	合计
2018 年 12 月 31 日	29 630	4 714	2 158	1	36 503	(1)	(1)
利得或损失（当期损益）	623	(226)			397		
利得或损失（其他综合收益）		76	3		79		
购买	16 502	12 159	786		29 447		
出售和结算	(21 941)	(3 479)	(489)	(1)	(25 910)	1	1
2019 年 12 月 31 日	24 814	13 244	2 458		40 516		

资料来源：上海证券交易所官网。

五、延伸思考

（1）为什么公允价值是一种复合计量属性？

（2）公允价值计量中，哪些情况下需要利用专家的工作？

（3）公允价值计量在各层次之间转换的原因有哪些？

（4）公允价值计量等同于资产评估吗？

案例十四　期初余额审计

一、案例分析目标

  会计师事务所首次接受委托时，必须对被审单位会计报表的期初余额进行审计，注册会计师一般不需专门对被审计单位的期初余额单独发表审计意见。但由于期初余额是被审期间会计数据的重要基础，注册会计师必须对其进行验证和确认，并充分考虑期初余额审计形成的相关结论对所审会计报表的影响，以决定发表审计意见的类型。所以说，期初余额的审核是审计报告出具前重要的审计环节。在执行首次审计业务时，注册会计师审核期初余额的目标，是获取充分、适当的审计证据以确定期初余额是否含有对本期财务报表产生重大影响的错报，反映期初余额的恰当的会计政策是否在本期财务报表中得到一贯运用，或会计政策的变更是否已按照适用的财务报告编制基础作出恰当的会计处理和适当的列报。

  通过本案例分析，读者应了解期初余额审计的主要工作内容和侧重点，熟悉工作流程，掌握各种审计工作底稿的编制程序和方法。

二、案例分析中涉及的主要审计准则

  (1)《中国注册会计师审计准则第 1101 号——注册会计师的总体目标和审计工作的基本要求》。

  (2)《中国注册会计师审计准则第 1121 号——对财务报表审计实施的质量控制》。

  (3)《中国注册会计师审计准则第 1211 号——通过了解被审计单位及其环境识别和评估重大错报风险》。

  (4)《中国注册会计师审计准则第 1153 号——前任注册会计师和后任注册会计师的沟通》。

  (5)《中国注册会计师审计准则第 1251 号——评价审计过程中识别出的错报》。

  (6)《中国注册会计师审计准则第 1331 号——首次审计业务涉及的期初余额》。

三、案例分析提示

期初余额审计工作中应重点关注以下几个方面：

（1）如果上期财务报表已经审计，现任注册会计师可查阅前任注册会计师的审计工作底稿，以获取有关期初余额的审计证据。现任注册会计师通常可在某一审计领域确定是否信赖前任注册会计师的工作。例如，现任注册会计师可以在应收账款审计领域信赖前任注册会计师的工作，而在债务审计领域不信赖其工作。

（2）如果上期财务报表已由前任注册会计师审计，并发表了非无保留意见，现任注册会计师应当在评估本期财务报表重大错报风险时，评价导致对上期财务报表发表非无保留意见的事项的影响。

（3）注册会计师应评价本期实施的审计程序是否提供了有关期初余额的审计证据。如果获取的审计证据表明期初余额存在可能对本期财务报表产生重大影响的错报，注册会计师应当实施适合具体情况的追加审计程序。

（4）如果不能获取有关期初余额充分、适当的审计证据，应当对本期财务报表发表保留意见或无法表示意见，说明期初余额对本期财务报表的影响。

（5）如果与期初余额相关的会计政策未能在本期得到一贯运用，或者会计政策的变更未能得到恰当的会计处理或适当的列报与披露，应当对本期财务报表发表保留意见或否定意见，说明期初余额及会计政策的变更对本期财务报表的影响。

（6）如果认为期初余额存在对本期财务报表产生重大影响的错报，且错报的影响未能得到恰当的会计处理或适当的列报，注册会计师应当按照《中国注册会计师审计准则第1502号——在审计报告中发表非无保留意见》的规定，对财务报表发表保留意见或否定意见。

四、案例资料

【资料 14-1】

首次审计业务涉及的期初余额，如表 14-1 所示。

表 14-1　首次审计业务涉及的期初余额

被审计单位：		索引号：	
财务报表截止日/期间：			
编制人：	日期：	复核人：	日期：

一、审计目标

执行首次审计业务时，获取充分、适当的审计证据以确定：

（1）期初余额是否含有对本期财务报表产生重大影响的错报

（2）期初余额反映的恰当的会计政策是否在本期财务报表中得到一贯运用，或对会计政策的变更是否已作出恰当的会计处理和充分的列报与披露

（续表）

二、审计程序

可供选择的审计程序	索引号	执行人
1. 获取并阅读被审计单位最近期间的财务报表和前任注册会计师出具的审计报告(如有)；获取与起初余额相关的信息,包括披露		
2. 采取下列措施,获取充分、适当的审计证据,确定期初余额是否包含对本期财务报表产生重大影响的错报		
(1) 确定上期期末余额是否已正确结转至本期,或在适当的情况下已作出重新表述		
(2) 确定期初余额是否反映对恰当会计政策的运用		
(3) 如果上期财务报表已经审计,可查阅前任注册会计师的审计工作底稿 ① 前任注册会计师工作底稿中所有重要审计领域 ② 考虑前任注册会计师是否已实施下列审计程序,评价资产负债表重要账户期初余额的合理性：A. 函证货币资金余额,测试调节表,执行截止测试。B. 函证并测试投资,确认账面价值的合理性。C. 函证应收账款(且函证覆盖面适当),测试坏账准备计提的适当性,执行销售截止测试。D. 实施存货监盘；执行存货计价测试；确定是否存在存货积压、流动过慢或陈旧的情况；检查运输记录和收入记录,执行截止测试；考虑存货计价是否低于或高于市场价格。E. 测试固定资产,考虑是否存在重大增加、减少,考虑折旧方法、使用年限和减值准备计提的适当性。F. 测试递延资产、无形资产和其他资产,考虑资产余额的合理性。G. 检查是否存在未记录负债,测试预计负债的有效性和充分性。H. 分析所得税相关账户,确定是否符合企业会计准则的规定。I. 函证负债余额及期限,测试利息费用的合理性。J. 检查权益变动的授权和支持文件,包括发行股票、撤资和发放股利等 ③ 复核前任注册会计师建议调整分录和未更正错报汇总,并评价其对当期审计的影响 ④ 考虑前任注册会计师是否具备独立性和专业胜任能力		
(4) 评价本期实施的审计程序是否提供了有关期初余额的审计证据		
(5) 其他追加的审计程序 ① 对流动资产和流动负债,评价本期实施的审计程序是否提供了有关期初余额的审计证据 ② 对于存货,通过复核上期存货盘点记录及文件、检查上期存货交易记录或运用毛利百分比法等进行分析,获取有关本期期初存货余额的充分、适当的审计证据；也可通过监盘当前的存货数量并调节至期初存货数量、对期初存货项目的计价实施审计程序、对毛利和存货截止实施审计程序 ③ 对非流动资产和非流动负债,检查形成期初余额的会计记录和其他信息,还可考虑向第三方函证期初余额,或实施追加的审计程序		
3. 如果获取的审计证据表明期初余额存在可能对本期财务报表产生重大影响的错报,可实施适合具体情况的追加审计程序		

（续表）

可供选择的审计程序	索引号	执行人
4. 如果获取的审计证据表明期初余额存在可能对本期财务报表产生重大影响的错报,可就这类错报与适当层级的管理层或治理层进行沟通		
5. 评价是否已就期初余额获取充分、适当的审计证据 (1) 期初余额反映的会计政策是否在本期财务报表中得到一贯运用 (2) 会计政策的变更是否已按照适用的财务报告编制基础作出恰当的会计处理和充分的列报与披露		
6. 考虑对审计意见的影响		

【资料 14-2】

BS 股份期初余额审计

一、背景资料

被审计单位:BS 股份有限公司(以下简称 BS 股份)

前任注册会计师所属单位:乐康会计师事务所

现任注册会计师所属单位:实金会计师事务所

BS 股份在 20×3 年改制上市,主营批发和零售业,下属有一家批发公司和两个大型百货商场。从 20×6 年起,随着市场形势的变化,BS 股份未能及时调整经营策略,形成巨额亏损。BS 股份 20×7 年年度报告显示其再次亏损且已资不抵债,原承接年报审计的乐康会计师事务所对其年报出具了保留意见的审计报告。经 20×8 年股东会讨论通过更换会计师事务所。实金会计师事务所自 20×9 年 2 月 6 日首次接受 BS 股份董事会委托,对 BS 股份进行年度会计报表审计。双方签订了审计约定书,审计项目组于 20×9 年 2 月 7 日至 3 月 6 日对该公司 20×8 年度的会计报表进行了审计。因对 BS 股份是首次接受委托,实金会计师事务所需要对期初余额进行确认。

二、BS 股份 20×8 年年报

（1）BS 股份 20×8 年年报,如表 14-2 所示。

表 14-2 资产负债表

20×8 年 12 月 31 日
单位:万元

资产	年初数	期末数	负债和所有者权益	年初数	年末数
流动资产:			流动负债:		
货币资金	120	210	短期借款	900	100
短期投资			应付票据	340	230

（续表）

资产	年初数	期末数	负债和所有者权益	年初数	年末数
应收票据	240	89	应付账款	1 911	1 700
应收股利	34	15	预收账款	87	23
应收利息	12	10	应付工资	32	10
应收账款	1 200	1 540	应付福利费	23	41
其他应收款	3 500	3 462	应交税费	86	56
预付账款	56		其他应付款	35	87
存货	4 680	7 560	预计负债	210	340
待摊费用	67		流动负债合计	3 624	3 487
流动资产合计	9 909	12 886	长期负债:		
长期投资:			长期借款	6 000	6 000
长期股权投资	3 300	3 400	长期应付款		4 000
长期债权投资	50	34	其他长期负债	2 000	2 400
长期投资合计	3 350	3 434	长期负债合计	8 000	12 400
固定资产:			负债合计	11 624	15 887
固定资产原价	3 500	3 540			
累计折旧	850	900	股东权益:		
固定资产净值	2 650	2 640	股本	10 000	10 000
固定资产减值准备	70	70	资本公积	340	340
固定资产净额	2 580	2 570	盈余公积	100	100
固定资产合计	2 580	2 570	其中:法定公益金	40	40
无形资产	30	25	未分配利润	− 6 170	− 7 400
长期待摊费用	25	12	股东权益合计	4 270	3 040
资产合计	15 894	18 927	负债和股东权益合计	15 894	18 927

（2）BS 股份 20×8 年利润表,如表 14-3 所示。

表 14-3　利润表

20×8 年　　　　　　　　　单位:万元

项目	上年数	本年累计数
一、主营业务收入	2 100	4 100
减:主营业务成本	1 900	2 980

（续表）

项目	上年数	本年累计数
主营业务税金及附加	120	140
二、主营业务利润（亏损以"-"号填列）	80	980
加：其他业务利润（亏损以"-"号填列）	0	0
减：营业费用	1 200	1 100
管理费用	3 200	2 100
财务费用	502	510
三、营业利润（亏损以"-"号填列）	-4 822	-2 730
加：投资收益（亏损以"-"号填列）	-42	830
营业外收入	1 200	1 100
减：营业外支出	12	0
四、利润总额（亏损以"-"号填列）	-3 676	-800
减：所得税	0	0
五、净利润（亏损以"-"号填列）	-3 676	-800

三、BS 股份 20×7 年度审计报告

BS 股份全体股东：

我们接受委托，审计了贵公司 20×7 年 12 月 31 日的资产负债表、20×7 年度的利润表、利润分配表和现金流量表。这些会计报表由贵公司负责，我们的责任是对这些会计报表发表审计意见。我们的审计是依据《中国注册会计师独立审计准则》进行的。在审计过程中，我们结合贵公司实际情况，实施了包括抽查会计记录等我们认为必要的审计程序。

经审计，我们发现：

（1）贵公司对一年以上的应收账款计提了 65 万元的坏账准备，根据贵公司的实际情况，我们无法估计贵公司坏账准备的计提金额是否足够谨慎充分。

（2）贵公司对 SG 公司的投资占该公司股份总额的比例为 45%，自 20×5 年贵公司转让其中 25% 股权后，即改用成本法进行核算，该公司 20×5 年、20×6 年共亏损 12 000 万元，贵公司的影响数为 -3 000 万元。

（3）贵公司向 BS 集团公司出售专营权，形成 3 450 万元的其他应收款，未计提坏账准备，该项资产的账面价值为 2 430 万元。该项业务使贵公司增加营业外收入 1 020 万元。

我们认为，除存在上述内容的会计处理不符合规定外，上述会计报表符合《企业会计准则》的规定，在所有重大方面公允地反映了贵公司 20×7 年 12 月 31 日的财务状况和

2019 年度的经营成果及其现金流量,会计处理方法的选用遵循了一贯性原则。

乐康会计师事务所(盖章)　　　　　　　　中国注册会计师:杨××、张××

中国昆明

报告日期:20×8 年 3 月 24 日

四、案例过程

注册会计师对乐康会计师事务所的独立性和专业胜任能力进行分析,未发现任何异常。经 BS 股份书面同意后,注册会计师与负责上年该公司审计的乐康会计师事务所取得联系,对方给予了充分合作,提供了涉及保留意见发表的相关资料。注册会计师根据底稿所反映的内容和被审计单位上年的会计资料,进行了核对和抽查。具体内容如下。

1. 对应收款项进行审核

对应收款项和应付款项的年初余额与 20×8 年 1 月份的记录进行核对,证实应收款项的存在性和应付款项是否存在少记的问题。核对应收款项并对 20×8 年应收款项的审计工作底稿进行衔接,发现以下问题:

(1) 20×7 年存在一笔逾期 3 年的应收账款 320 万元仍未收回。2019 年年末,BS 股份对该项债权仅按 5%提取了 160 000 元的坏账准备。在 20×8 年审核后发现对该项逾期债权未再增提坏账准备。

(2) 20×7 年年末其他应收款中应收集团母公司的数额为 3 450 万元,未提坏账准备。从乐康会计师事务所提供的底稿来看,2020 年该所负责审核的注册会计师对此就提出了调整意见,但被审计单位未接受调整意见。BS 股份的解释是,该项其他应收款为年末向集团公司出售一项专营权形成的,该项专营权账面价值为 2 430 万元,对此项出售已确认 1 020 万元的营业外收入,该款项将很快收回。对此项业务在 2020 年的审计报告中已作说明,但核对 20×8 年的会计资料后发现至今尚未收回。

(3) 20×7 年年末应收票据(商业承兑汇票)已经逾期的金额为 120 万元,但 BS 股份未将其转入应收账款,也未计提坏账准备,20×8 年的审计底稿中也未对其进行调整。

对于上述问题,现任注册会计师认为必须进行调整。BS 股份在应收账款已经逾期 3 年的情况下仅按 5%计提坏账准备是不妥的。因此,鉴于该公司的特殊情况,按应收账款的30%对已经逾期 3 年以上的应收账款补提坏账准备,应补提 80 万元[320×(30% − 5%)]。

实金会计师事务所在对 BS 股份审计时发现 3 450 万元的应收集团母公司款至今尚未收回,且 BS 集团公司财务状况也不是很理想,存在不能收回的可能性,因此应当计提坏账准备。根据 BS 股份的计提比例 5%计算,计提坏账准备金额应为 172.5 万元(34 50×5%)。

逾期应收票据应调入"应收账款"账户,并补提坏账准备,补提金额为 6 万元(120×5%)。

2. 对投资额进行审核

投资的期初余额影响到期末资产总额,对投资收益的确认也影响到财务成果。从上年审计报告可知,自 2017 年 BS 股份转让 SG 公司 25% 股权后,即改用成本法进行核算。SG 公司 20×5 年、20×6 年共亏损 12 000 万元,对 BS 股份的影响数为 -3 000 万元。

3. 对在建工程和固定资产进行审核

注册会计师将 20×7 年的会计记录和审计工作底稿进行核对。在对在建工程和固定资产的核算中发现,20×7 年 11 月 12 日 BS 股份有一台价值 200 万元的商用机器设备安装完毕后投入使用,但在 12 月份未提折旧。前任注册会计师在审计底稿中也提到了此问题,但 BS 股份直到 20×8 年 1 月才开始计提折旧。该固定资产每月应提的折旧额为 12 万元。

4. 要求

根据上述情况编制调整会计分录,重新确定会计报表的期初数与期末数。

五、延伸思考

(1)结合《企业会计准则》,说明与期初余额相关的会计政策未能在本期得到一贯运用可能形成的影响。

(2)为什么注册会计师一般不需要专门对被审计单位的期初余额单独发表审计意见?有何特例?

(3)若上期审计报告的意见类型为无保留意见,其他条件不变,注册会计师是否还有必要对期初余额进行审计?

(4)对期初余额进行审核依赖的主要资料有哪些?

案例十五　期后事项审计

一、案例分析目标

期后事项是指资产负债表日至审计报告日发生的以及审计报告日至会计报表公布日发生的,对会计报表产生影响的事项,具体包括三种情况:截至审计报告日发生的事项,即第一时段期后事项;审计报告日后至财务报表报出日前发现的事实,即第二时段期后事项;财务报表报出后发现的事实,即第三时段期后事项。根据期后事项对财务报表的影响不同,可以将期后事项分为两类,即期后调整事项和期后非调整事项。期后调整事项在资产负债表日已经存在,该事项对报表金额会产生影响,管理层应对报表相关项目和相关账户进行调整。期后非调整事项在资产负债表日不存在,对资产负债表日之前存在的状况和账户金额没有影响。

通过本案例分析,读者应了解期后事项审计的主要工作内容和侧重点,熟悉工作流程,掌握各种审计工作底稿的编制程序和方法,能够针对特定案例评价期后调整事项和期后非调整事项会计处理的合规性与公允性。

二、案例分析中涉及的主要审计准则

(1)《中国注册会计师审计准则第 1101 号——注册会计师的总体目标和审计工作的基本要求》。

(2)《中国注册会计师审计准则第 1121 号——对财务报表审计实施的质量控制》。

(3)《中国注册会计师审计准则第 1151 号——与治理层的沟通》。

(4)《中国注册会计师审计准则第 1251 号——评价审计过程中识别出的错报》。

(5)《中国注册会计师审计准则第 1332 号——期后事项》。

三、案例分析提示

期后事项审计工作中应重点关注以下几个方面:

(1)期后事项的审计程序至少在两个时点执行,即将完成外勤工作时和提交审计报告时。两个时点的间隔时间越长,注册会计师对期后事项的审计就需要越多时间和精力。

(2) 识别资产负债表日后发生的对本期会计报表产生重大影响的事项,包括调整事项和非调整事项。调整事项包括截止日后已证实重大资产发生的减值、大额的销售退回、已确定获取或支付的大额赔偿、期后进一步确定了期前购入资产的成本或售出资产的收入、期后发现了财务报表舞弊或差错等;非调整事项包括期后发生的重大诉讼、仲裁、承诺、担保、董事会批准了的利润分配方案、股票和债券的发行、巨额举债、资本公积转增资本、巨额亏损、企业合并或处置子公司、自然灾害导致资产重大损失、资产价格、税收政策、外汇汇率发生较大变动等。

(3) 期后事项应与销售确认、应付款项等的期后测试程序结合考虑,尤其是要对舞弊迹象保持警觉。例如,缺乏商业实质的交易,记录虚假销售的分录很可能在资产负债表日后转回,注册会计师在审计期后销售退回、应收账款贷方记录等应保持警觉。

(4) 对于第一时段期后事项,注册会计师需要实施必要的审计程序去主动识别,获得充分、适当的审计证据,确保需要在财务报表中予以披露的事项均已识别出来。

(5) 对于第二时段期后事项,注册会计师无需实施审计程序或进行专门查询,但管理层有责任告知注册会计师可能影响财务报表的事实。如果注册会计师了解到相关事项可能会对财务报表产生重大影响,应与管理层讨论是否需要修改财务报表并采取相应措施。

(6) 对于第三时段期后事项,注册会计师没有义务进行查询,但有可能通过其他途径知悉。按照准则,为了确保审计意见的公允性,注册会计师应该对期后事项中存在的若干问题予以充分关注,因为许多高风险事项往往隐藏于期后。

四、案例资料

【资料15】

期后事项实质性程序,如表15-1所示。

表15-1　期后事项实质性程序

被审计单位:		索引号:	
财务报表截止日/期间:			
编制人:	日期:	复核人:	日期:

一、审计目标
1. 获取充分、适当的审计证据,以确定财务报表日至审计报告日之间发生的、需要在财务报表中调整或披露的事项是否已经按照适用的财务报告编制基础在财务报表中得到恰当反映
2. 恰当应对在审计报告日后注册会计师知悉的、且如果在审计报告日知悉可能导致注册会计师修改审计报告的事实

（续表）

二、审计程序

可供选择的审计程序	索引号	执行人
（一）财务报表日至审计报告日之间发生的事项		
1. 了解管理层为确保识别期后事项而建立的程序		
2. 询问管理层和治理层(如适用)，确定是否已发生可能影响财务报表的期后事项，包括不限于： (1) 根据初步或尚无定论的数据作出会计处理的项目的现状 (2) 是否已发生新的担保、借款或承诺 (3) 是否已出售或购置资产，或者计划出售或购置资产 (4) 是否已增加资本或发行债务工具(如发行新的股票或债券)，或者是否已签订或计划签订合并或清算协议 (5) 资产是否已被政府征用或因不可抗力(如火灾或洪水)而遭受损失 (6) 或有事项是否发生新的进展 (7) 是否已作出或考虑作出异常的会计调整 (8) 是否已发生或可能发生影响财务报表编制时所采用会计政策适当性的事项(如影响持续经营假设适当性的事项) (9) 是否已发生与财务报表中会计估计或准备计提相关的事项 (10) 是否已发生与资产可收回性相关的事项		
3. 查阅被审计单位的所有者、管理层和治理层在财务报表日后举行的会议的纪要，并在不能获取的情况下，询问此类会议讨论的事项		
4. 尽可能接近审计报告日时，查阅股东会、董事会及其专门委员会在资产负债表日后举行的会议的纪要，并在不能获取的情况下询问此类会议讨论的事项		
5. 查阅被审计单位最近的中期财务报表(如有)。如认为必要和适当，还可以查阅被审计单位的主要会计科目、重要合同和会计凭证		
6. 尽量接近审计报告日，查阅被审计单位与客户、供应商、监管部门等的往来信函		
7. 查阅被审计单位在财务报表后最近期间内的预算、现金流量预测及其他相关管理报告		
8. 就诉讼和索赔事项，询问被审计单位律师或法律顾问，或扩大之前口头或书面查询的范围		
9. 获取涵盖特定期后事项的书面声明		
10. 结合期末账户余额的审计，对应予调整的资产负债表日后事项进行审计，着重查明资产负债表日后的重大购销业务和重大收付款业务，有无不寻常的转账交易或调整分录		
11. 查询被审计单位在资产负债表日或审计期间已存在的重大财务承诺，并向被审计单位管理层询问，确定是否存在导致需调整或披露的期后事项		

（续表）

可供选择的审计程序	索引号	执行人
12.确定需要在财务报表中调整或披露的事项,是否按照适用的财务报告编制基础的规定在财务报表中得到恰当反映 (1)重要的非调整事项应披露事项的内容,估计对财务状况、经营成果的影响;如无法作出估计,应说明其原因 (2)资产负债表日后,企业利润分配方案中拟分配的以及经审议批准宣告发放的股利或利润 (3)调整事项的会计处理是否正确		
(二)审计报告日后至财务报表报出日前知悉的事实		
13.在审计报告日后至财务报表报出日前,如果知悉了某些事实,且若在审计报告日知悉可能导致修改审计报告,执行以下程序 (1)与管理层和治理层(如适用)讨论该事项 (2)确定考虑是否需要修改财务报表 (3)如果需要修改,与管理层讨论如何在财务报表中处理		
14.如果管理层修改财务报表 (1)根据具体情况对有关修改实施必要的审计程序 (2)将程序2至程序12延伸至新的审计报告日		
(三)在财务报表报出后知悉的事实		
15.在财务报表报出后,如果知悉了某事实,且若在审计报告日知悉该事实可能导致修改审计报告,注册会计师应当 (1)与管理层和治理层(如适用)讨论该事项 (2)确定财务报表是否需要修改 (3)如果需要修改,询问管理层将如何在财务报表中处理该事项		
16.如果管理层修改了财务报表,注册会计师应当: (1)根据具体情况对有关修改实施必要的审计程序 (2)复核管理层采取的措施能否确保所有收到原财务报表和审计报告的人士了解这一情况 (3)除非程序14情形适用,否则新的审计报告日不应早于修改后的财务报表被批准的日期		
(四)对集团审计的期后事项考虑		
17.如果对组成部分财务信息实施审计,集团项目组或组成部分注册会计师应当实施审计程序,以识别组成部分自组成部分财务信息日至对集团财务报表审计出具审计报告日之间发生的、可能需要在集团财务报表中调整或披露的事项		
18.如果组成部分注册会计师执行组成部分财务信息审计以外的工作,要求组成部分注册会计师告知其注意到的、可能需要在集团财务报表中调整或披露的期后事项。		
三、重大事项说明		
四、审计结论		

五、延伸思考

（1）对于不同时段的期后事项,注册会计师实施的审计程序和承担的审计责任有何不同?

（2）期后事项审计中隐含的风险及其成因有哪些?

（3）如何区分期后调整事项和期后非调整事项?

案例十六　审计报告与审计意见类型

一、案例分析目标

审计报告是审计工作的最终成果,是注册会计师根据执业准则的要求,实施了必要的审计程序后出具的对被审计单位财务报表发表审计意见的书面文件。如果注册会计师认为被审计者编制的财务报表已按照适用的《企业会计准则》规定编制,并在所有重大方面公允反映了被审计者的财务状况、经营成果和现金流量,则出具标准的无保留意见审计报告。

通过本案例分析,读者应了解形成审计意见和审计报告的主要工作内容和侧重点,能够针对特定案例发表恰当的审计意见并撰写审计报告。

二、案例分析中涉及的主要审计准则

(1)《中国注册会计师审计准则第 1101 号——注册会计师的总体目标和审计工作的基本要求》。

(2)《中国注册会计师审计准则第 1121 号——对财务报表审计实施的质量控制》。

(3)《中国注册会计师审计准则第 1141 号——财务报表审计中与舞弊相关的责任》。

(4)《中国注册会计师审计准则第 1151 号——与治理层的沟通》。

(5)《中国注册会计师审计准则第 1251 号——评价审计过程中识别出的错报》。

(6)《中国注册会计师审计准则第 1501 号——对财务报表形成审计意见和出具审计报告》。

(7)《中国注册会计师审计准则第 1502 号——在审计报告中发表非无保留意见》。

(8)《中国注册会计师审计准则第 1503 号——在审计报告中增加强调事项段和其他事项段》。

(9)《中国注册会计师审计准则第 1504 号——在审计报告中沟通关键审计事项》。

三、案例分析提示

形成审计报告工作中应重点关注以下几个方面：

(1) 得出审计结论前应考虑以下事项：评价是否已获取充分、适当的审计证据；评价未更正错报单独或汇总起来是否构成重大错报；评价财务报表是否在所有重大方面按照适用的财务报告编制基础编制；评价财务报表是否实现公允反映；评价财务报表是否恰当提及或说明适用的财务报告编制基础。

(2) 选择会计政策的恰当性方面。出现下列情形时，财务报表可能存在重大错报：选择的会计政策与适用的财务报告编制基础不一致；财务报表(包括相关附注)没有按照公允列报的方式反映交易和事项；管理层没有按照适用的财务报告编制基础的要求一贯运用所选择的会计政策，包括管理层未在不同会计期间或对相似的交易和事项一贯运用所选择的会计政策。

(3) 下列情形可能导致注册会计师无法获取充分、适当的审计证据，也称为审计范围受到限制：超出被审计单位控制的情形；与注册会计师工作的性质或时间安排相关的情形；管理层施加限制的情形。

四、案例资料

【资料 16-1】

无保留意见审计报告

A 科技股份有限公司全体股东：

一、审计意见

我们审计了 A 科技股份有限公司(以下简称 A 公司)财务报表，包括 2020 年 12 月 31 日的合并及母公司资产负债表，2020 年度的合并及母公司利润表、合并及母公司现金流量表、合并及母公司股东权益变动表以及相关财务报表附注。

我们认为，后附的财务报表在所有重大方面按照《企业会计准则》的规定编制，公允反映了 A 公司 2020 年 12 月 31 日的合并及母公司财务状况以及 2020 年度的合并及母公司经营成果和现金流量。

二、形成审计意见的基础

我们按照《中国注册会计师审计准则》的规定执行了审计工作。审计报告的"注册会计师对财务报表审计的责任"部分进一步阐述了我们在这些准则下的责任。按照《中国注册会计师职业道德守则》，我们独立于 A 公司，并履行了职业道德方面的其他责任。我们相信，我们获取的审计证据是充分、适当的，为发表审计意见提供了基础。

三、关键审计事项

关键审计事项是我们根据职业判断，认为对本期财务报表审计最为重要的事项。这些事项的应对以对财务报表整体进行审计并形成审计意见为背景,我们不对这些事项单独发表意见。我们确定下列事项是需要在审计报告中沟通的关键审计事项。

(一)收入确认事项

1. 事项描述

请参阅财务报表附注第五条第(十二)款所述的会计政策及"七、合并财务报表项目注释"中注释 5。A 公司 2020 年度合并营业收入为 10.50 亿元,相比 2019 年度同期增加 1.90 亿元,增幅达 22.17%;鉴于营业收入是 A 公司的关键业绩指标之一,且 2020 年度合并营业收入相比去年大幅增长,因此我们将收入确认作为关键审计事项。

2. 审计应对

我们对收入确认实施的重要审计程序包括以下内容:

(1)了解和评估 A 公司销售与收款相关的内部控制,测试内控执行的有效性。

(2)选取样本检查销售合同,识别风险和报酬转移相关的合同条款与条件,复核收入确认时点是否符合《企业会计准则》的相关规定。

(3)检查与收入确认相关的支持性文件,包括销售合同、销售发票、发货单、签收单、验收单、出口报关单、物流单据、银行收款单据等,选取样本对大额应收账款余额以及销售额进行函证。

(4)对客户回款情况,包括期后回款情况进行核查,以确认销售收入和应收账款期末余额的真实性。

(5)针对资产负债表日前后确认的销售收入,检查发货单、签收单、出口报关单等支持性文件,以评估销售收入是否确认于正确的会计期间。

基于已执行的审计工作,我们认为,管理层对收入确认的相关判断及估计是合理的。

(二)商誉减值

1. 事项描述

请参阅财务报表附注第五条第(二十九)款所述的会计政策财务报表、附注"七、合并财务报表主要项目附注"中注释 27。截至 2020 年 12 月 31 日,A 公司合并财务报表商誉的账面价值为 19 795.69 万元,主要是公司于 2020 年收购四川 JL 制药科技有限公司(以下简称 JL 制药)形成的。A 公司管理层于年度终了对商誉进行减值测试,其中涉及多项需由公司管理层判断和估计的指标,主要包括未来收入增长率、未来经营利润率及适用的折现率。由于商誉减值测试固有的复杂程度,该事项涉及管理层运用重大会计估计和判断,同时考虑商誉对财务报表整体的重要性,我们将商誉减值确定为关键审计事项。

2. 审计应对

我们对商誉减值实施的重要审计程序包括以下内容:

(1)了解和评估 A 公司与商誉减值测试相关的内部控制。

（2）评价 A 公司管理层委聘的外部估值专家的胜任能力、专业素质和客观性。

（3）参考行业惯例,评价 A 公司管理层对资产组的认定、划分以及预计未来现金流量现值时采用方法的适当性。

（4）将 A 公司预计未来现金流量的主要参数,包括预计收入、成本费用率、增长率等与 JL 制药历史业绩、管理层预算和预测及行业研究报告等进行比较,评价其管理层在预测未来现金流量时采用的关键假设及判断的合理性。

（5）基于同行业可比公司的市场数据重新计算折现率,与 A 公司管理层计算预计未来现金流量现值时采用的折现率进行比较,评价其管理层选用的折现率的恰当性。

（6）对 A 公司预计未来现金流量的主要参数和采用的折现率等关键假设进行复核。

（7）将 A 公司本年度的预测业绩和实际业绩进行对比复核,评价其管理层预测过程的可靠性和准确性。

基于已执行的审计工作,我们认为,A 公司管理层对商誉减值的相关判断及估计是合理的。

四、其他信息

A 公司管理层对其他信息负责。其他信息包括 2020 年度报告中涵盖的信息,但不包括财务报表和我们的审计报告。

我们对财务报表发表的审计意见不涵盖其他信息,我们也不对其他信息发表任何形式的鉴证结论。

结合我们对财务报表的审计,我们的责任是阅读其他信息,在此过程中,考虑其他信息是否与财务报表或我们在审计过程中了解的情况存在重大不一致或者似乎存在重大错报。

基于我们已执行的工作,如果我们确定其他信息存在重大错报,我们应当报告该事实。在这方面,我们无任何事项需要报告。

五、管理层和治理层对财务报表的责任

A 公司管理层负责按照《企业会计准则》的规定编制财务报表,使其实现公允反映,并设计、执行和维护必要的内部控制,以使财务报表不存在由于舞弊或错误导致的重大错报。编制财务报表时,A 公司管理层负责评估该公司的持续经营能力,披露与持续经营相关的事项,并运用持续经营假设,除非管理层计划清算 A 公司,终止运营或别无其他现实的选择。A 公司治理层负责监督该公司的财务报告过程。

六、注册会计师对财务报表审计的责任

我们的目标是对财务报表整体是否不存在由于舞弊或错误导致的重大错报获取合理保证,并出具包含审计意见的审计报告。合理保证是高水平的保证,但并不能保证按照审计准则执行的审计在某一重大错报存在时总能发现。错报可能由于舞弊或错误导致,如果合理预期错报单独或汇总起来可能影响财务报表使用者依据财务报表作出的经济决

策,则通常认为错报是重大的。

按照审计准则执行审计工作的过程中,我们运用职业判断,并保持职业怀疑。同时,我们也执行以下工作:

(1)识别和评估由于舞弊或错误导致的财务报表重大错报风险,设计和实施审计程序以应对这些风险,并获取充分、适当的审计证据,作为发表审计意见的基础。由于舞弊可能涉及串通、伪造、故意遗漏、虚假陈述或凌驾于内部控制之上,未能发现由于舞弊导致的重大错报的风险高于未能发现由于错误导致的重大错报的风险。

(2)了解A公司与审计相关的内部控制,以设计恰当的审计程序。

(3)评价A公司管理层选用会计政策的恰当性和作出会计估计及相关披露的合理性。

(4)对A公司管理层使用持续经营假设的恰当性得出结论。同时,根据获取的审计证据,就可能导致对A公司持续经营能力产生重大疑虑的事项或情况是否存在重大不确定性得出结论。如果我们得出结论认为存在重大不确定性,审计准则要求我们在审计报告中提请报告使用者注意财务报表中的相关披露;如果披露不充分,我们应当发表非无保留意见。我们的结论基于截至审计报告日可获得的信息。然而,未来的事项或情况可能导致A公司不能持续经营。

(5)评价财务报表的总体列报、结构和内容(包括披露),并评价财务报表是否公允反映相关交易和事项。

(6)就A公司实体或业务活动的财务信息获取充分、适当的审计证据,以对财务报表发表意见。我们负责指导、监督和执行集团审计,并对审计意见承担全部责任。我们与治理层就计划的审计范围、时间安排和重大审计发现等事项进行沟通,包括审计中识别出的值得关注的内部控制缺陷。我们还就已遵守与独立性相关的职业道德要求向治理层提供声明,并与治理层沟通可能被合理认为影响我们独立性的所有关系和其他事项,以及相关的防范措施(如适用)。从与治理层沟通过的事项中,我们确定哪些事项对本期财务报表审计最为重要,因而构成关键审计事项。我们在审计报告中描述这些事项,除非法律法规禁止公开披露这些事项,或在极少数情形下,如果合理预期在审计报告中沟通某事项造成的负面后果超过在公众利益方面产生的益处,我们确定不应在审计报告中沟通该事项。

DH会计师事务所(特殊普通合伙)　　　　　　　中国注册会计师:陈××
中国北京　　　　　　　　　　　　　　　　　　　　　(项目合伙人)
　　　　　　　　　　　　　　　　　　　　　中国注册会计师:李××
　　　　　　　　　　　　　　　　　　　　　2021年3月13日

【资料 16-2】

带强调事项段的无保留意见审计报告

B 传媒股份有限公司全体股东：

一、审计意见

我们审计了 B 传媒股份有限公司（以下简称 B 公司）财务报表，包括 2020 年 12 月 31 日的合并及母公司资产负债表，2020 年度的合并及母公司利润表、合并及母公司现金流量表、合并及母公司股东权益变动表以及相关财务报表附注。

我们认为，后附的财务报表在所有重大方面按照《企业会计准则》的规定编制，公允反映了 B 公司 2020 年 12 月 31 日的合并及母公司财务状况以及 2020 年度的合并及母公司经营成果和现金流量。

二、形成审计意见的基础

我们按照《中国注册会计师审计准则》的规定执行了审计工作。审计报告的"注册会计师对财务报表审计的责任"部分进一步阐述了我们在这些准则下的责任。按照《中国注册会计师职业道德守则》的规定，我们独立于 B 公司，并履行了职业道德方面的其他责任。我们相信，我们获取的审计证据是充分、适当的，为发表审计意见提供了基础。

三、关键审计事项

关键审计事项是我们根据职业判断，认为对本期财务报表审计最为重要的事项。这些事项的应对以对财务报表整体进行审计并形成审计意见为背景，我们不对这些事项单独发表意见。我们确定下列事项是需要在审计报告中沟通的关键审计事项。

（一）长期股权投资——德＊基金

1. 事项描述

根据 B 公司财务报表附注第五条第（十）款所述，德＊基金是 B 公司的合营企业，B 公司通过对德＊基金的管理人德同投资管理有限公司的控制进而实现了对德＊基金的控制，作为"长期股权投资"并以权益法核算。德＊基金投资项目的估值对 B 公司按权益法确认的投资收益影响重大，而投资项目估值的确定涉及 B 公司管理层的重大判断，B 公司管理层判断的改变可能造成重大财务影响，因此我们将该事项识别为关键审计事项。

2. 审计应对

针对上述事项，我们实施的审计程序包括以下内容：

（1）我们复核了 2020 年 12 月 31 日德＊基金的财务报表，执行了包括复核 B 公司用以确定德＊基金的投资项目公允价值所采用的估值方法等我们认为必要的程序。

（2）关于复核后的归属于全体合伙人的净资产，我们按德＊基金合伙协议约定的分配顺序复核了 B 公司提供的收益分配表。

（二）营业收入

1. 事项描述

根据 B 公司财务报表附注第五条第（三十三）款所述，B 公司本年实现营业收入 6.78 亿元，其中，广告业务收入 2.27 亿元，占营业收入比例 33%，发行业务收入 1.79 亿元，占营业收入的 26%，鉴于广告业务收入和发行业务收入占比重大，影响关键业绩指标，且该类业务交易发生频繁，产生错报的固有风险较高。因此，我们将广告业务收入和发行业务收入确认作为关键审计事项。

2. 审计应对

针对上述事项，我们实施的审计程序包括以下内容：

（1）测试 B 公司与收入确认相关的内部控制。

（2）对 B 公司收入执行截止测试，确认收入是否记录在正确的会计期间。

（3）分别对 B 公司的广告业务和发行业务执行收入成本毛利按本年分月比较分析、与上年同期比较分析、同行业比较分析等分析性程序。

（4）针对 B 公司发行业务收入，执行了本年实际发行量及平均售价等分析性复核程序，复核了财务系统销售收入记录与业务系统订单信息及发货记录的一致性。

（5）针对 B 公司广告业务收入，执行了对主要广告客户所处行业、广告个数、单价等分析性复核程序；执行收入的细节测试，检查了广告业务收入的有效性和完整性。

四、其他信息

B 公司管理层对其他信息负责。其他信息包括 B 公司 2020 年度报告中涵盖的信息，但不包括财务报表和我们的审计报告。

我们对财务报表发表的审计意见不涵盖其他信息，我们也不对其他信息发表任何形式的鉴证结论。

结合我们对财务报表的审计，我们的责任是阅读其他信息，在此过程中，考虑其他信息是否与财务报表或我们在审计过程中了解到的情况存在重大不一致或者似乎存在重大错报。

基于我们已执行的工作，如果我们确定其他信息存在重大错报，我们应当报告该事实。现在这方面，我们无任何事项需要报告。

五、管理层和治理层对财务报表的责任

B 公司管理层负责按照《企业会计准则》的规定编制财务报表，使其实现公允反映，并设计、执行和维护必要的内部控制，以使财务报表不存在由于舞弊或错误导致的重大错报。

在编制财务报表时，B 公司管理层负责评估该公司的持续经营能力，披露与持续经营相关的事项，并运用持续经营假设，除非计划进行清算、终止运营或别无其他现实的选择。B 公司治理层负责监督该公司的财务报告过程。

六、注册会计师对财务报表审计的责任

（略）

七、强调事项

我们提醒财务报表使用者关注,根据财务报表附注第十四条第(五)款所述,因 B 公司涉嫌信息披露违反《中华人民共和国证券法》有关规定,被中国证券监督管理委员会(以下简称证监会)对贵公司进行立案调查;2020 年 2 月,收到证监会下发的编号为处罚字〔2020〕＊＊号《行政处罚事先告知书》。B 公司虽已依法向证监会申请陈述、申辩及听证,但截至报告日证监会尚未作出最终处罚决定。本段内容不影响已发表的审计意见。

LX 会计师事务所　　　　　　　　　中国注册会计师:吴××(项目合伙人)

(特殊普通合伙)　　　　　　　　　　中国注册会计师:刘××

中国上海　　　　　　　　　　　　　2021 年 3 月 5 日

【资料 16-3】

保留意见审计报告

C 药业股份有限公司全体股东:

一、保留意见

我们审计了 C 药业股份有限公司(以下简称 C 公司)财务报表,包括 2020 年 12 月 31 日的合并及母公司资产负债表,2020 年度的合并及母公司利润表、合并及母公司现金流量表、合并及母公司所有者权益变动表,以及相关财务报表附注。

我们认为,除"形成保留意见的基础"部分所述事项可能产生的影响外,后附的财务报表在所有重大方面按照《企业会计准则》的规定编制,公允反映了 C 公司 2020 年 12 月 31 日的合并及母公司财务状况,以及 2020 年度的合并及母公司经营成果和现金流量。

二、形成保留意见的基础

(1) 根据 C 公司财务报表附注第十五条第(八)款所述,2020 年 12 月 31 日,C 公司收到《中国证券监督管理委员会调查通知书》(以下简称《通知书》,浙证调查字 2020××号);2021 年 1 月 2 日,收到公司原董事任××转来的《通知书》(浙证调查字 2020××号)。《通知书》称,C 公司因涉嫌信息披露违反《中华人民共和国证券法》等有关规定,中国证券监督管理委员会决定对 C 公司和任××进行立案调查。由于截至本审计报告日立案调查尚在进行中,我们无法判断立案调查结果对财务报表整体的影响程度。

(2) 根据 C 公司财务报表附注第十五条第(八)款所述,C 公司对子公司截至 2020 年 12 月 31 日的固定资产、在建工程、开发支出和其他非流动资产,合计计提减值准备人民币 53 680.14 万元。

我们未能就 C 公司对上述长期资产计提减值准备的恰当性和准确性实施必要的审计程序以取得充分、适当的审计证据。此外,截至 2020 年 12 月 31 日,子公司的三个银行账户存款余额合计 8 489.18 万元,因受新型冠状病毒性肺炎疫情影响,我们未能实施必要的审计程序以就该存款余额的存在性和是否存在使用受限获取充分、适当的审计证据。

(3) 根据 C 公司财务报表附注第八条所述,C 公司已失去对上海××医药有限公司及其子公司的控制。受此影响,我们未能对纳入合并范围的上海××医药有限公司及其子公司 2020 年 1~9 月财务报表和相关披露以及该公司本期公允价值的准确性实施必要的审计程序以获取充分、适当的审计证据。

我们按照《中国注册会计师审计准则》的规定执行了审计工作。审计报告中的"注册会计师对财务报表审计的责任"部分进一步阐述了我们在这些准则下的责任。按照《中国注册会计师职业道德守则》,我们独立于 C 公司,并履行了职业道德方面的其他责任。我们相信,我们获取的审计证据是充分、适当的,为发表保留意见提供了基础。

三、其他信息

C 公司管理层对其他信息负责。其他信息包括年度报告中涵盖的信息,但不包括财务报表和我们的审计报告。

我们对财务报表发表的审计意见不涵盖其他信息,我们也不对其他信息发表任何形式的鉴证结论。结合我们对财务报表的审计,我们的责任是阅读其他信息,在此过程中,考虑其他信息是否与财务报表或我们在审计过程中了解到的情况存在重大不一致或者似乎存在重大错报。

基于我们已执行的工作,如果我们确定其他信息存在重大错报,我们应当报告该事实。如上述"形成保留意见的基础"部分所述,我们无法对保留意见事项获取充分、适当的审计证据。因此,我们无法确定与该事项相关的其他信息是否存在重大错报。

四、关键审计事项

关键审计事项是我们根据职业判断,认为对本期财务报表审计最为重要的事项。这些事项的应对以对财务报表整体进行审计并形成审计意见为背景,我们不对这些事项单独发表意见。除形成保留意见的基础部分所述事项外,我们确定下列事项是需要在审计报告中沟通的关键审计事项。

(一) 收入确认

1. 事项描述

相关信息披露详见 C 公司财务报表附注第五条第(二十一)款和第七条第(六)款。

C 公司的营业收入主要来自抗生素、抗病毒等化学制剂类药品。2020 年度,C 公司财务报表所示营业收入项目金额为人民币 709 291 124.12 元。

由于营业收入是 C 公司关键业绩指标之一,可能会存在该公司管理层通过不恰当的收入确认以达到特定目标或预期的固有风险。同时,收入确认涉及复杂的信息系统和重大管理层判断,因此,我们将收入确认确定为关键审计事项。

2. 审计应对

针对收入确认,我们实施的审计程序主要包括以下内容:

(1) 了解 C 公司与收入确认相关的关键内部控制,评价这些控制的设计,确定其是否得到执行,并测试相关内部控制的运行有效性。

(2) 检查 C 公司的主要销售合同,识别与商品所有权上的主要风险和报酬转移相关的条款,评价收入确认政策是否符合《企业会计准则》的规定。

(3) 对 C 公司营业收入及毛利率按月度、产品、客户等实施实质性分析程序,识别是否存在重大或异常波动,并查明波动原因。

(4) 对 C 公司商品销售收入,以抽样方式检查与收入确认相关的支持性文件,包括销售合同、销售发票、出库单、发货单等。

(5) 结合 C 公司的应收账款函证,以抽样方式向主要客户函证本期销售额。

(6) 以抽样方式对 C 公司的资产负债表日前后确认的营业收入核对至出库单、发货单等支持性文件,评价营业收入是否在恰当期间确认。

(7) 获取 C 公司的资产负债表日后的销售退回记录,检查是否存在资产负债表日不满足收入确认条件的情况。

(8) 检查 C 公司与营业收入相关的信息是否已在财务报表中作出恰当列报和披露。

(二) 存货可变现净值

1. 事项描述

相关信息披露详见 C 公司财务报表附注第五条第(十)款和第五条第(一)款第 6 项。

截至 2020 年 12 月 31 日,C 公司存货账面余额为人民币 183 657 563.87 元,跌价准备为人民币 28 972 737.41 元,账面价值为人民币 154 684 826.46 元。

资产负债表日存货采用成本与可变现净值孰低计量,按照单个存货成本高于可变现净值的差额计提存货跌价准备。C 公司管理层在考虑持有存货目的的基础上,根据历史售价、实际售价、相同或类似产品的市场售价、未来市场趋势等确定估计售价,并按照估计售价减去至完工时估计将要发生的成本、估计的销售费用和相关税费后的金额,确定存货的可变现净值。

由于存货金额重大,且确定存货可变现净值涉及重大管理层判断,我们将存货可变现净值确定为关键审计事项。

2. 审计应对

针对存货可变现净值,我们实施的审计程序主要包括以下内容:

(1) 了解 C 公司与存货可变现净值相关的关键内部控制,评价这些控制的设计,确定其是否得到执行,并测试相关内部控制运行的有效性。

(2) 复核 C 公司管理层以前年度对存货可变现净值的预测和实际经营结果,评价管理层过往预测的准确性。

（3）以抽样方式复核C公司管理层对存货估计售价的预测,将估计售价与历史数据、期后情况、市场信息等进行比较。

（4）评价C公司管理层对存货至完工时将要发生的成本、销售费用和相关税费估计的合理性。

（5）测试C公司管理层对存货可变现净值的计算是否准确。

（6）结合C公司的存货监盘,检查期末存货中是否存在库龄较长、产量下降、生产成本或售价波动、技术或市场需求变化等情形,评价管理层是否已合理估计可变现净值。

（7）检查C公司与存货可变现净值相关的信息是否已在财务报表中作出恰当列报。

五、管理层和治理层对财务报表的责任

C公司管理层负责按照《企业会计准则》的规定编制财务报表,使其实现公允反映,并设计、执行和维护必要的内部控制,以使财务报表不存在由于舞弊或错误导致的重大错报。

在编制财务报表时,C公司管理层负责评估该公司的持续经营能力,披露与持续经营相关的事项(如适用),并运用持续经营假设,除非计划进行清算、终止运营或别无其他现实的选择。C公司治理层负责监督该公司的财务报告过程。

六、注册会计师对财务报表审计的责任

（略）

TJ会计师事务所（特殊普通合伙）　　　　　中国注册会计师：周××、刘××
中国杭州

2021年8月30日

【资料16-4】

否定意见审计报告

D生物科技股份有限公司全体股东：

一、否定意见

我们审计了北京D生物科技股份有限公司（以下简称D公司）财务报表,包括2020年12月31日的合并及母公司资产负债表,2020年度的合并及母公司利润表、合并及母公司现金流量表、合并及母公司股东权益变动表以及相关财务报表附注。

我们认为,由于"形成否定意见的基础"部分所述事项的重要性,后附的财务报表没有在所有重大方面按照《企业会计准则》的规定编制,未能公允反映D公司2020年12月31日的合并及母公司财务状况以及2020年度的合并及母公司经营成果和现金流量。

二、形成否定意见的基础

D 公司于 2021 年 5 月 20 日,通过第四届董事会第十七次会议决议,拟解散北京 D 公司并成立北京 D 公司清算组,对 D 公司进行清算、申请注销登记。这种情况表明 D 公司管理层评估的持续经营能力涵盖的期间少于自资产负债表日起的 12 个月。根据我们的判断,D 公司不具有持续经营能力。因此,D 公司继续按照持续经营假设编制 2020 年度财务报表是不适当的。

我们按照《中国注册会计师审计准则》的规定执行了审计工作。审计报告的"注册会计师对财务报表审计的责任"部分进一步阐述了我们在这些准则下的责任。按照《中国注册会计师职业道德守则》,我们独立于 D 公司,并履行了职业道德方面的其他责任。我们相信,我们获取的审计证据是充分、适当的,为发表否定意见提供了基础。

三、其他信息

D 公司管理层对其他信息负责。其他信息包括 D 公司 2020 年年度报告中涵盖的信息,但不包括财务报表和我们的审计报告。

我们对 D 公司的财务报表发表的审计意见不涵盖其他信息,我们也不对其他信息发表任何形式的鉴证结论。

结合我们对财务报表的审计,我们的责任是阅读其他信息,在此过程中,考虑其他信息是否与财务报表或我们在审计过程中了解的情况存在重大不一致或者似乎存在重大错报。

基于我们已执行的工作,如果我们确定其他信息存在重大错报,我们应当报告该事实。现在这方面,我们无任何事项需要报告。

四、管理层和治理层对财务报表的责任

D 公司管理层负责按照《企业会计准则》的规定编制财务报表,使其实现公允反映,并设计、执行和维护必要的内部控制,以使财务报表不存在由于舞弊或错误导致的重大错报。

在编制财务报表时,D 公司管理层负责评估该公司的持续经营能力,披露与持续经营相关的事项(如适用),并运用持续经营假设,除非管理层计划清算、终止运营或别无其他现实的选择。D 公司治理层负责监督该公司的财务报告过程。

五、注册会计师对财务报表审计的责任

(略)

DH 会计师事务所(特殊普通合伙)　　　　　中国注册会计师:汤××、周××
中国北京

2021 年 6 月 30 日

【资料 16-5】

无法发表意见的审计报告

E 集团股份有限公司全体股东：

一、无法表示意见

我们接受委托，审计 E 集团股份有限公司（以下简称 E 公司）的财务报表，包括 2020 年 12 月 31 日的合并及母公司资产负债表，2020 年度的合并及母公司利润表、合并及母公司现金流量表、合并及母公司股东权益变动表，以及财务报表附注。

我们不对后附的 E 公司的财务报表发表审计意见。由于"形成无法表示意见的基础"部分所述事项的重要性，我们无法获取充分、适当的审计证据以作为对财务报表发表审计意见的基础。

二、形成无法表示意见的基础

（一）比较信息延续至报告期的认定

因审计范围受到限制，我们对 E 公司上期财务报表项目中应收账款、其他应收款、存货、可供出售金融资产、收入成本等项目账面价值和发生额无法认定，也无法认定关联方关系及交易披露的完整性、对外担保及诉讼事项和内部控制失效可能对财务报表的影响，因而出具了无法表示意见的审计报告。截至 2020 年 12 月 31 日，涉及对应数据的应收账款余额 27 380.33 万元，坏账准备 1 480.66 万元，其他应收款 393 231.70 万元，坏账准备 388 237.67 万元，存货 14 654.56 万元，跌价准备 263.43 万元，其他权益工具投资（可供出售金融资产）公允价值为零，以及关联方关系及交易的披露等事项，因 E 公司相关子公司已停止经营，我们无法实施有效的审计程序，无法判断上述上期数据及事项对本期财务报表的影响。

（二）对外担保及诉讼事项

2020 年 2 月，天津市高级人民法院《民事裁定书》（〔2020〕××号）裁定冻结、查封或扣押 E 公司及天津××设备制造有限公司银行存款 30 600 万元或相应价值财产，实际已冻结 E 公司在华夏银行天津分行开立的银行账户定期存单 30 000 万元及债券募集资金专储账户余额 300 万元。冻结案是指华夏银行天津分行诉保理合同纠纷案，E 公司以名下的定期存单对提供质押担保。2021 年 1 月，E 公司收到天津市高级人民法院审《民事判决书》（〔2020〕××号），判决 E 公司以名下的定期存单承担质押担保责任，E 公司对一审判决不服，已提起上诉。为此 E 公司计提预计负债 31 000 万元，影响 2020 年度利润 －31 000 万元。由于诉讼的不确定性可能会对财务报表产生重大影响，我们无法判断 E 公司预计负债计提的恰当性。

（三）财务报表按照持续经营假设编制的恰当性

E 公司 2020 年度发生亏损 53 000 万元，截至 2020 年 12 月 31 日归属于母公司的净资产－163 200万元,资产负债率214.63%,流动负债超过流动资产119 700万元,财务状况持续恶化。报告期内,E公司黄金珠宝业务经营停滞,对外借款全部逾期,欠缴税款,黄金业务子公司员工大量离职并提起劳动仲裁,多个银行账户因诉讼事项被冻结,重要子公司存货被查封扣押及其全资子公司被法院查封。此外,E公司两期债券已全部违约,无力兑付债券利息,因涉及诉讼事项,大额募集资金专用账户被冻结,主要房产被查封,所持子公司股权被冻结。虽然E公司披露了拟采取的改善措施,但我们仍无法取得与评估持续经营能力相关的充分、适当的审计证据,因而无法判断E公司运用持续经营假设编制2020年度财务报表是否恰当。

三、管理层和治理层对财务报表的责任

(略)

四、注册会计师对财务报表审计的责任

我们的责任是按照《中国注册会计师审计准则》的规定,对E公司的财务报表执行审计工作,以出具审计报告。但由于"形成无法表示意见的基础"部分所述的事项,我们无法获取充分、适当的审计证据以作为发表审计意见的基础。

按照《中国注册会计师职业道德守则》,我们独立于E公司,并履行了职业道德方面的其他责任。

DX会计师事务所(特殊普通合伙)　　　　中国注册会计师:郭××、李××
中国北京

2021年2月28日

五、延伸思考

(1)注册会计师认为需要增加强调事项段的情形可能有哪些?
(2)导致注册会计师发表非无保留审计意见的事项有哪些?
(3)为什么需要沟通关键审计事项,可能包括哪些内容?
(4)出具非标审计意见是否表示具有较高的审计质量?

案例十七　互联网企业审计

一、案例分析目标

互联网企业是指通过网络平台和网络技术开发互联网资源,提供互联网运行服务、互联网信息服务和互联网应用服务,以此进行商业活动并获得收入的企业。相对于传统企业,互联网企业的产品和服务具有高技术含量、高附加值的特点。同时,随着产品创意和技术换代的速度加快,其产品和服务的生命周期缩短。所以,互联网企业往往具有很高的经营风险。通常,成长期的互联网企业需要在技术研发和市场推广方面投入大量资金。当技术相对成熟、用户规模扩大后,前期投入的固定成本被大幅摊薄,而提供产品和服务的边际成本本来就很低,此时的毛利率可能达到一个极高的水平。首次公开发行股票(Initial public offerings,IPO),是指公司首次向社会公众公开招股的发行方式。

通过本案例分析,读者应结合互联网企业的特点了解 IPO 审计的主要工作内容和侧重点,熟悉工作流程,掌握各种审计工作底稿的编制程序和方法。

二、案例分析中涉及的主要审计准则

(1)《中国注册会计师审计准则第 1121 号——对财务报表审计实施的质量控制》。

(2)《中国注册会计师审计准则第 1141 号——财务报表审计中与舞弊相关的责任》。

(3)《中国注册会计师审计准则第 1201 号——计划审计工作》。

(4)《中国注册会计师审计准则第 1211 号——通过了解被审计单位及其环境识别和评估重大错报风险》。

(5)《中国注册会计师审计准则第 1221 号——计划和执行审计工作时的重要性》。

(6)《中国注册会计师审计准则第 1231 号——针对评估的重大错报风险采取的应对措施》。

(7)《中国注册会计师审计准则第 1313 号——分析程序》。

(8)《中国注册会计师审计准则第 1323 号——关联方》。

(9)《中国注册会计师审计准则第 1324 号——持续经营》。

三、案例分析提示

IPO审计工作中应重点关注以下几个方面。

1. 承接IPO审计业务

（1）对发行人上市动机、所处行业的基本情况及其行业地位、可能存在的高风险领域、公司治理情况及申报期基本财务指标等进行调查。

（2）如果发行人在IPO过程中曾经更换过注册会计师，后任注册会计师应就发行人更换注册会计师的原因与前任注册会计师进行沟通，以了解发行人管理层的诚信情况，发行人与前任注册会计师存在重大分歧的会计、审计问题及其他可能对审计造成重大影响的事项。

（3）评价项目组成员的独立性和专业胜任能力。

（4）会计师事务所应建立健全的，与监督、咨询和复核等有关的质量控制体系，始终将审计风险控制在可接受的范围内。

2. 评价发行人的内部控制设计

评价发行人内部控制设计的合理性和执行的有效性，据以确定实质性测试的性质、时间和范围；对发行人与财务报告相关的内部控制的有效性发表意见，并根据要求单独出具内部控制鉴证报告或内部控制审计报告。

3. 关注发行人的盈利增长和异常交易

关注发行人在申报期内的盈利增长和异常交易，分析盈利增长和异常交易的实质并取证。

4. 确认发行人收入

对发行人申报期收入确认进行审计时，关注发行人在不同销售模式，特别是创新销售模式下的收入确认；关注发行人申报期内各期应收账款、预收款项、营业收入和经营活动现金流量等数据之间的逻辑关系。

5. 确认发行人的成本核算

关注发行人申报期内成本核算的真实性、完整性和收入成本配比的合理性。

（1）发行人成本核算的会计政策是否符合发行人实际经营情况。

（2）如果发行人毛利率与同行业公司相比明显偏高且与行业发展状况不符、存货余额较大、存货周转率较低，应核查发行人是否存在通过少转成本虚增毛利润的行为。

（3）应核查发行人是否向实际控制人及其关联方或其他第三方转移成本，以降低期末存货和当期营业成本。

（4）进行截止测试，检查发行人是否通过调节成本确认期间在各年度之间调节利润。

四、案例资料

【资料 17】

云游科技挂牌审计

互联网企业挂牌审计是指互联网企业在登陆新三板之前,由会计师事务所对企业的财务状况、经营成果以及现金流量进行审计并出具审计报告、发表审计意见的过程。相比一般审计,挂牌审计要求披露的内容更为详细,出具的审计报告要向股转系统提交并在股转平台上进行披露,会计师事务所将承担更大的责任,从而收取的审计费用也相应更高。

一、背景资料

云游信息科技股份有限公司(以下简称云游科技)成立于 2013 年,从事智慧旅游相关的服务工作,经营范围包括计算机软硬件、智能化网络系统的技术开发、技术咨询和技术服务,为顾客的个性化需求进行专业的规划管理。2018 年,云游科技聘请北京信合会计师事务所对其挂牌进行审计。

二、风险识别和评估

初步尽职调查中,注册会计师对云游科技的风险识别和评估主要集中在公司的经营模式和内部控制方面。

(一)对经营模式的相关风险进行辨认和评定

互联网企业的经营模式带来的风险主要集中于研发模式和盈利模式。

1. 研发模式

云游科技作为软件和信息技术服务业互联网公司,研发极其重要。因为人力资源是构成企业主要的竞争实力,经营成本中人员成本支出的比重较大。云游科技的长聘员工为 30 人,其中,技术人员 16 人,销售人员 6 人,管理和其他人员 8 人,技术人员占比超过 50%。

2. 盈利模式

盈利模式带来的主要风险在收入确认方面,具体包括以下方面:

(1)由于云游科技特殊的盈利模式,用户数量直接决定了企业后续的发展潜力,是企业价值的基础。但财务账面上并没有反映出任何与之相关的信息,注册会计师需要高度关注这些非财务信息。

(2)云游科技的下游用户具有较大的波动性,用户数量庞大、业务量大、单笔业务额较小,进行单项核查非常困难,注册会计师需要通过系统后台的汇总数据来确定企业的具体收益。

(3)在实际的运营过程中,云游科技和合作方为了降低宣传推广成本,实现资源的有效利用,双方会将各自的业务进行交叉,利用各自优势开展合作。对注册会计师而言,需判断合作分成模式中相关交易主体的权利和责任的主要承担者,从交易的实质上来判断是否属于非货币性交换以及如何确认收入。

（二）内部控制风险和评定

注册会计师主要从管理层对内部控制的态度、信息与沟通、企业组织架构的设置和授权审批程序等方面查看内部控制设计和执行的有效性。云游科技管理层以技术起家，对企业管理尤其是内部控制方面是外行，在成为公众公司之前也不重视内部控制的建设。通过检查公司"三会"文件，注册会计师发现了多处缺漏。

云游科技的员工较少，层级也相对扁平，企业的信息传递较为快捷，没有设置专门的监督部门（如内部审计部门来执行监督检查工作）。注册会计师发现，云游科技存在财务数据传递不规范的情形。

总体而言，云游科技的内部控制建设和执行情况较差，内部控制风险较大。注册会计师在对云游科技风险进行总体评估后，仍认为风险可控。

三、审计计划阶段

1. 审计范围

对云游科技审计的范围主要包括云游科技和旗下一家纳入合并范围的旅行社公司。该旅行社公司于 2017 年 12 月 31 日被处置，因此纳入合并报表的期间为 2016 年和 2017 年。

2. 重点审计方向

云游科技利润率不稳定，资产总额相对于营业收入过于悬殊，以营业收入为基准确定重要性水平较为恰当。但是最近两年云游科技营业收入的波动较大，因此选用最近两年的营业收入的平均数；货币资金、其他应收款金额较大且波动比较大，作为重点审计领域；无形资产逐年大幅增加，作为公司最主要的资产构成，需要重点审计；短期借款金额较大，作为审计重点；云游科技作为互联网企业，主要收入来源为软件定制开发，收入确认主要用完工百分比法，具有一定的专业性，可能存在审计风险；管理费用、资产减值损失以及营业外收入金额大且波动较大，也是需要重点审计的领域。云游科技重点审计方向的具体内容如表 17-1 揭示。

表 17-1　云游科技重点审计方向

项目	2018 年 6 月 30 日	2017 年 12 月 31 日	2016 年 12 月 31 日
总资产	12 401 236.32	9 419 932.20	12 900 056.45
营业收入	520 235.56	3 500 032.58	1 361 235.25
管理费用	1 293 635.26	4 912 156.33	2 896 523.25
营业成本	266 234.36	2 302 638.52	1 098 635.62
营业外收入	123 145.63	1 080 635.63	219 633.34
资产减值损失	− 2 140 968.29	819 682.35	746 536.41
货币资金	1 490 632.76	410 132.83	2 020 397.54
货币资金结构比	12.02%	4.35%	15.66%

（续表）

项目	2018 年 6 月 30 日	2017 年 12 月 31 日	2016 年 12 月 31 日
无形资产	7 796 364.32	3 904 368.46	2 394 362.38
无形资产结构比	62.87%	41.45%	18.56%
短期借款	5 000 000.00	5 000 000.00	5 000 000.00
短期借款结构比	40.32%	53.08%	38.76%
其他应收款	1 603 698.34	3 359 643.36	7 420 369.41
其他应收款结构比	12.93%	35.67%	57.52%

3. 项目组人员分工和时间安排

（略）

四、审计实施阶段

1. 针对重点审计领域的具体审计措施

（略）

2. 利润表项目审计

（略）

五、审计报告阶段

（略）

五、延伸思考

（1）了解《会计监管风险提示第 4 号——首次公开发行股票公司审计》。

（2）了解《会计监管风险提示第 6 号——新三板挂牌公司审计》。

案例十八　注册会计师审计法律责任

一、案例分析目标

注册会计师因违约、过失或欺诈等行为给被审计单位或其他利害关系人造成损失的，按照有关法律规定，需要承担相应的法律责任，包括行政责任、民事责任和刑事责任。我国的审计法律责任包括行政责任、民事责任、刑事责任。行政责任是指由政府主管部门实施的行政处罚，民事责任是指注册会计师或会计师事务所给利害关系人造成损失应进行的经济赔偿，刑事责任是指注册会计师犯有刑法所禁止的行为而依法判处一定的徒刑。

通过本案例分析，读者应熟悉注册会计师审计法律责任，遵守执业准则和职业道德的要求，防范执业风险。

二、案例分析中涉及的主要审计准则

(1)《中国注册会计师审计准则第 1101 号——注册会计师的总体目标和审计工作的基本要求》。

(2)《中国注册会计师审计准则第 1141 号——财务报表审计中与舞弊相关的责任》。

(3)《中国注册会计师审计准则第 1142 号——财务报表审计中对法律法规的考虑》。

(4)《中国注册会计师审计准则第 1231 号——针对评估的重大错报风险采取的应对措施》。

(5)《中国注册会计师审计准则第 1521 号——注册会计师对含有已审计财务报表的文件中的其他信息的责任》。

三、案例分析提示

理解注册会计师审计法律责任应重点以下几个方面：

(1) 第三人责任问题是注册会计师民事责任研究的逻辑起点，不仅涉及注册会计师民事侵权责任的性质和赔偿范围，还涉及审计职业的社会定位以及审计职业利益与社会公众利益的相互权衡。强化第三人的责任范围，在一定程度上可以更好地约束注册会计师的执业行为,但同时也增加审计行业的职业风险。所以,第三人的责任范围取决于特定社会经济环境下的司法权衡和选择。

(2) 损失上的因果关系是构成注册会计师民事侵权责任的一个重要因素,原告的信赖是否存在、合理,为相关交易得以完成的主要原因成为判断注册会计师是否需要承担民事责任的一个关键问题。

(3) 勤勉尽责是判断注册会计师在执业中是否有过错的标准。而判断注册会计师是否勤勉尽责,就要看注册会计师是否严格遵守执业准则执行审计程序实施审计工作、出具审计报告,程序在特定环境下比结果更重要。

(4) 注册会计师应按《中国注册会计师审计准则第 1131 号——审计工作底稿》的要求编制和保存底稿;按照《会计师事务所质量控制准则第 5101 号——业务质量管理》的规定,对审计工作底稿实施适当的质量控制程序,使审计工作底稿能够提供充分、适当的记录,作为出具审计报告的基础,并能够作为证据,证明注册会计师已按照审计准则的规定执行了审计工作。

四、案例资料

【资料 18-1】

新大地上市造假案

广东新大地生物科技股份有限公司(以下简称新大地)成立于 2004 年,主营山茶油和茶皂素天然洗涤用品。2012 年 5 月 18 日,新大地 IPO 申请获创业板股票发行审核委员会通过。2012 年 6 月,新大地被举报涉嫌造假上市,具体情况如下:

第一,主营业务收入达不到支付的生产成本。新大地的招股书中准确显示了新大地的茶油业务最近三年毛利率分别是 60.66%、43.50% 和 36.19%,这三种利率的收入正好与生产成本形成了反比,据此表明生产成本的严重不足。

第二,有机肥料使用的茶粕低于技术工艺最低标准。2010—2011 年,新大地有机肥料使用的茶粕分别只有 64.82 吨和 118.14 吨,而同时有机肥料的产量分别高达 2 555.34 吨和 9 254.16 吨,对应用与生产有机肥料的茶粕总的占比分别是 2.54% 和 1.28%,这已经严重低于 45% 的技术工艺最低标准。

第三,隐藏关联交易。新大地近三年前十大客户合计有 22 家,其中,有 10 家客户被查出关联交易可能存在虚假交易的问题。

第四,自买自卖。作为连续三年贡献最为突出的核心客户和最大的茶油客户——梅州市曼陀神露山茶油专卖店在 2010 年曾为黄运江(新大地法人)侄女黄双燕持有。

第五,非法参股。新大地验资签字的注册会计师赵合宇,不仅是新大地第三大股东大昂集团的总裁(赵合宇在大昂集团的持股是 633.46 万股),还是立信会计事务所执业注册会计师,并兼任着北京中兴新世纪会计师事务所的负责人。

新大地暴露出的种种乱象,涉嫌造假情节如此严重、手段如此丰富,堪称创业板造假上市第一股。2013年10月,中国证监会对新大地、大华会计师事务所、北京大成律师事务所和南京证券有限责任公司,以及相关保荐代表人、签字会计师、签字律师分别予以处罚。

【资料18-2】

欣泰电气上市造假案

丹东欣泰电气股份有限公司(以下简称欣泰电气)由丹东整流器有限公司整体改制而成,主要从事电子机械及器材制造业。2009年9月,欣泰电气第一次递交首次公开发行申报材料;2011年3月,由于持续盈利能力不足等问题IPO被否;2011年11月,欣泰电气再次递交IPO申请书。同年年底,公司由于营业收入下降,出现"应收账款余额大量增加""经营性现金流量为负"等问题。为了符合上市条件,欣泰电气开始进行财务造假,虚构收回应收款项,会计期末时用外部借款填补应收账款,并在下一会计期初再还款冲回。2014年1月21日,欣泰电气通过IPO造假在创业板上市。

2015年5月,对上市公司现场检查时,中国证监会察觉欣泰电气存在财务造假,并展开立案调查。2016年5月,中国证监会对欣泰电气发出了行政处罚事先告知书,经查,发现该公司2011年11月递交的IPO申请文件存在相关财务造假。其中,少提坏账、虚构收回应收款、虚增营业收入等涉及金额巨大,且欣泰电气在上市后仍在继续造假,其2013年、2014年度报告均有虚假记载和重大遗漏的情形。2016年6月17日,欣泰电气及其保荐机构受到中国证监会严厉处罚;2016年7月8日,公司被认定为欺诈发行并被行政处罚,进入强制退市阶段;2016年9月,欣泰电气股票被暂停上市;2017年7月17日,其股票交易进入退市整理期,并于2017年8月25日终止上市。

此IPO造假案例的相关中介机构难辞其咎,中国证监会对涉及欣泰电气IPO造假的保荐机构兴业证券股份有限公司(以下简称兴业证券)、审计机构北京兴华会计师事务所(特殊普通合伙)(以下简称兴华所)、北京东易律师事务所(以下简称东易所)分别做出了严厉处罚。

2016年7月25日,兴业证券由于出具的保荐书等文件存在虚假记载的行为,被处5 738万元罚款,保荐代表人被撤销证券从业资格,及10年中国证券市场禁入;2016年7月27日,兴华所由于对欣泰电气财务报表没有做到勤勉尽责,被中国证监会予以警告,没收其业务收入322万元,同时处以967万元罚款,签字注册会计师被给予警告,各处10万元罚款,各被处以5年和3年证券市场禁入;2017年6月27日,中国证监会对东易所作出行政处罚,责令其改正,被罚款270万元,出具上市法律意见书的责任人被予以警告,各被处 10 万元罚款。

2017 年 6 月 9 日,兴业证券作为欣泰电气的证券承销商以及保荐机构,委托投资者保护基金公司,成立了"欣泰电气欺诈发行先行赔付专项基金",出资 55 000 万元用于先行赔付适格投资者的损失,在基金存续期满后,剩余未赔付的资金由兴业证券收回。这种先行赔付制度,是根据保荐机构在为上市公司保荐上市时签下的自律承诺书,用以应对证券欺诈等严重违法违规行为发生时,保护投资者权益,是一种弥补投资者损失的替代方案。截至 2017 年 10 月 20 日,该基金完成了 24 198.13 万元的先行赔付,占须赔偿金额的 99.46%;与 11 727 名适格投资人达成和解,占总适格投资人的 95.16%。从 2017 年 11 月 9 日开始,专项基金终止,专项基金在进行赔付和支付基金营运费后,剩下的返还兴业证券。

2017 年 9 月 18 日,兴业证券因先行赔付超出自己应赔金额的损失,将欣泰电气虚假陈述案件中的欣泰电气公司、发表审计意见的兴华所、出具法律意见书的东易所,以及公司高管和涉案中介机构的相关责任人等,共 26 名被告诉至法院。兴业证券认为,在欣泰电气本次虚假陈述的违法事件中,公司与各中介机构都存在重大过失,各自都应该承担连带赔偿责任。但是本次先行赔付的数额,远远高于兴业证券应该担负的赔偿责任,因此向其他责任人追回高于自己应承担的赔偿数额。

【资料 18-3】

我国首例审计刑事责任案

2003 年 9 月 16 日,银川市中级人民法院对两名注册会计师作出刑事判决:以出具证明文件重大失实罪分别判处注册会计师刘某某、徐某某有期徒刑 2 年 6 个月、2 年 3 个月,并各处罚金 3 万元。

1994 年 6 月,广夏(银川)实业股份有限公司(以下简称银广夏)在深交所上市。1998—2001 年,公司累计虚构销售收入 104 962.6 万元,少计费用 4 945.34 万元,导致虚增利润 77 156.7 万元,其中,1998 年虚增利润 16.10 万元。由于银广夏主要控股子公司——天津广夏 1998 年及以前年度的财务资料丢失,银广夏 1998 年度利润的真实性无法确定。1999 年、2000 年、2001 年 1~6 月份分别虚增利润 17 781.86 万元、56 704.74 万元和 894 万元,当期实际亏损分别为 5 003.2 万元、14 940.1 万元和 2 557.1 万元。负责银广夏审计的是中天勤会计师事务所的注册会计师,在执业过程中没有最起码的职业谨慎,非但没有对审计证据的真伪给予应有的关注,甚至都没有执行必要的审计程序,如海关报关单、银行对账单、重要出口商品单价等均是由被审计单位提供并给予过分依赖,从而出具了无保留意见的审计报告。这也是从事上市公司审计业务的注册会计师首个被判处刑事责任的案例。

【资料 18-4】

ABC 会计师事务所审计违法案

2020 年 7 月 20 日，中国证监会对 ABC 会计师事务所(以下简称 ABC 所)及其执业注册会计师作出行政处罚，原因是其对甲公司出具 2013 年财务报表审计报告时，构成《中华人民共和国证券法》(以下简称《证券法》)第二百二十三条：证券服务机构未勤勉尽责，所制作、出具的文件有虚假记载、误导性陈述或者重大遗漏的违法行为。此后 2021 年，甲公司投资者向法院提起诉讼，以甲公司虚假陈述造成投资者损失为由诉求索赔。经法院审理，部分案件最终判令甲公司赔偿投资者投资差额损失及佣金损失；ABC 所作为审计机构，被判决对甲公司所负的赔偿义务承担连带赔偿责任。

ABC 所被中国证监会作出行政处罚是其成为共同被告的主要原因，这是法院认定会计师事务所在出具失实审计报告时是否存在侵权责任的依据。经查，ABC 所作为甲公司 2017 年财务报表审计机构，出具了标准无保留意见的审计报告。ABC 所在审计过程中存在如下违法事实。

1. 未对销售与收款业务中已关注到的异常事项执行必要的审计程序

2017 年 12 月，甲公司将不满足收入确认条件的软件产品销售确认为当期销售收入，导致 2017 年提前确认收入 87 446 901.48 元。注册会计师在审计工作底稿中记录，甲公司 2017 年 12 月确认收入占全年的比重达 37.74%(审计调整前，以母公司口径计算)，并对 2018 年 1 月 1 日至 2 月 26 日财务报表批准报出日间发生销售退回的 22 422 913.77 元收入进行了审计调整，调减了 2017 年收入。针对临近资产负债表日的软件产品销售收入大增，期后退货显著增加的情况，ABC 所在审计过程中未对退货原因进行详细了解。注册会计师仅执行了查验公司合同，抽样检查并获取软件开通权限单、销售收款单、退款协议、原始销售凭证等常规审计程序。没有根据公司销售相关的财务风险状况，采取更有针对性的审计程序，获取充分的审计证据以支持审计结论。面对客户数量较多无法函证的情况，也没有采取更有效的替代程序以获取充分适当的审计证据。

2. 未对临近资产负债表日非标准价格销售情况执行有效的审计程序

2017 年 12 月，甲公司对部分客户以非标准价格销售软件产品。经查，该售价主要是以打新股、理财为名进行营销，虚增 2013 年销售收入 2 872 486.68 元。对此，注册会计师称关注到非标准价格销售的情况，并获取了销售部门的审批单，但相关过程没有在审计工作底稿中予以记录；审计工作底稿程序表中"获取产品价格目录，抽查售价是否符合价格政策"的程序也未见执行记录。

3. 未对抽样获取的异常电子银行回单实施进一步审计程序

2017 年 12 月，甲公司电话营销人员对客户称可以参与打新股、理财、投资等以弥补前期亏损。部分客户应邀向甲公司汇款,其中,有客户在汇款时注明打新股等资金用途。甲公司收到款项后计入 2017 年产品销售收入。经查,甲公司 2017 年虚增 12 名客户共计收入 2 872 486.68 元,后续应客户的要求已全部退款。

ABC 所审计工作底稿中复印留存了部分软件产品销售收款的电子银行回单,其中,摘要栏中的"打新股资金""理财投资资金"等备注存在明显异常。对此,注册会计师没有保持合理的职业怀疑态度,以发现的错报金额低于重要性水平为由,未进一步扩大审计样本量,以确认抽样总体不存在重大错报;审计底稿中也没有任何记录表明 ABC 所已对该异常事项执行了任何风险识别和应对的程序。经查,如果 ABC 所扩大银行回单的抽样范围,那么 2017 年 12 月存在异常摘要的银行进账单笔数将为 48 笔,合计金额 873 万元,明显高于底稿中抽样所涉及回单数量及对应金额。

4. 对甲公司 2018 年跨期计发 2017 年年终奖的情况,ABC 所未根据重要性按照权责发生制的原则予以调整

甲公司将应归属于 2017 年的年终奖跨期计入 2018 年的成本费用,导致 2017 年少计成本费用 24 954 316.65 元。审计工作底稿未描述或记录针对审计报告报出日前已发放的 2017 年年终奖执行的审计程序,以及其未被计入 2017 年成本费用的合理性解释。审计工作底稿中"应付职工薪酬"程序表第 8 项应执行的审计程序记录:检查应付职工薪酬的期后付款情况,并关注在资产负债表日至财务报表批准报出日之间,是否有确凿证据表明需要调整资产负债表日原确认的应付职工薪酬。但对应的审计工作底稿明细表中未记录此程序的执行情况。

5. 未对甲公司全资子公司股权收购购买日的确定执行充分适当的审计程序

甲公司全资子公司(以下简称子公司),提前一个月将其新增的下属公司财务报表纳入子公司的合并范围,导致甲公司 2017 年合并财务报表虚增利润 8 250 098.88 元,虚增商誉 4 331 301.91 元。审计工作底稿中"长期股权投资——成本法××子公司审核表(初始计量)"明细表编制不完整,确认合并(购买)日的审计表格未填列,无法确定其具体执行了何种审计程序以确定购买日。审计工作底稿后附的审计证据中,未见注册会计师所称据以认定购买日的支持性文件。

ABC 所的上述行为,不符合《中国注册会计师审计准则第 1301 号——审计证据》第十条:注册会计师应当根据具体情况设计和实施恰当的审计程序,以获取充分、恰当的审计证据;《中国注册会计师审计准则第 1314 号——审计抽样》第二十一条:注册会计师应当调查识别出的所有偏差或错报的性质和原因,并评价其对审计的其他方面可能产生的影响;《中国注册会计师审计准则第 1131 号——审计工作底稿》等准则的要求。

以上事实,有相关审计报告、审计工作底稿、财务资料、情况说明和相关询问笔录等证据证明,足以认定 ABC 所的上述行为违反了我国《证券法》第一百七十三条:证券服务机构为证券的发行、上市、交易等证券业务活动制作、出具审计报告、资产评估报告、财务顾

问报告、资信评级报告或者法律意见书等文件,应当勤勉尽责,对所依据的文件资料内容的真实性、准确性、完整性进行核查和验证的规定,构成我国《证券法》第二百二十三条所述:证券服务机构未勤勉尽责,所制作、出具的文件有虚假记载、误导性陈述或者重大遗漏的违法行为。

五、延伸思考

（1）区分注册会计师的违约、过失和欺诈行为。

（2）简述我国注册会计师民事责任法律制度的演进过程。

案例十九　单位负责人任期经济责任审计

一、案例分析目标

经济责任是指领导干部任职期间因其所任职务，依法对所在部门、单位、团体或企业（含金融机构）的财政、财务收支以及有关经济活动应当履行的职责、义务。经济责任审计是指内部审计机构对本组织所管理的领导干部经济责任的履行情况进行监督、评价和鉴证的行为。经济责任审计的对象包括党政工作部门、事业单位和人民团体下属独立核算单位的主要领导人员，以及下属非独立核算但负有经济管理职能单位的主要领导人员；企业（含金融机构）下属全资或控股企业的主要领导人员，以及对经营效益产生重大影响或掌握重要资产的部门和机构的主要领导人员等。

通过本案例分析，读者应了解经济责任审计的主要工作内容和侧重点，熟悉工作流程，掌握各种审计工作底稿的编制程序和方法，并出具经济责任审计报告。

二、案例分析中涉及的主要审计准则

《第 2205 号内部审计具体准则——经济责任审计》。

三、案例分析提示

经济责任审计工作中应重点关注以下几个方面。

1. 经济责任审计的主要内容

（1）贯彻执行党和国家有关经济方针政策和决策部署，推动组织可持续发展情况。

（2）组织治理结构的健全和运转情况。

（3）组织发展战略的制定和执行情况及其效果。

（4）遵守有关法律法规和财经纪律情况。

（5）各项管理制度的健全和完善，特别是内部控制制度的制定和执行情况，以及对下属单位的监管情况。

（6）财政、财务收支的真实、合法和效益情况。

（7）有关目标责任制完成情况。

（8）重大经济事项决策程序的执行情况及其效果。

（9）重要项目的投资、建设、管理及效益情况。

（10）资产的管理及保值增值情况。

（11）本人遵守廉洁从业规定情况。

（12）对以往审计中发现问题的整改情况。

（13）其他需要审计的内容。

2．审计评价的方法

（1）进行纵向和横向的业绩比较分析。

（2）运用与被审计领导干部履行经济责任有关的指标量化分析。

（3）将被审计领导干部履行经济责任的行为或事项置于相关经济社会环境中进行对比分析等。

四、案例资料

【资料 19-1】

HN 图书馆法定代表人张逸任期经济责任审计报告

HN 图书馆：

我们接受贵单位的委托，于 2017 年 11 月 6 日至 2017 年 11 月 25 日派出审计小组对 HN 图书馆法定代表人张逸同志在 2005 年 2 月至 2017 年 7 月任职期间的经济责任进行了审计。我们的审计是依据《事业单位会计制度》《中国注册会计师执业准则》和现行的财经法规、税收制度等法规政策进行的。图书馆对所提供的会计报表、账簿等会计资料和其他资料的真实性和完整性负责，我们的责任是通过审计出具真实、合法的审计报告。在审计过程中，我们结合图书馆的实际情况，实施了抽查会计记录、实地盘点、调查座谈、对比分析、查阅述职报告等我们认为必要的审计程序。现将审计情况报告如下：

一、基本情况

（一）单位基本情况

HN 图书馆是国家举办的省级综合性公共图书馆，是直属省文化厅的全额拨款公益文化事业单位，是我国第一家以"图书馆"命名的省级公共图书馆。1984 年 12 月，图书馆馆舍落成开放，现有馆舍主楼面积 2.3 万平方米，培训楼 6 700 余平方米，馆藏实体文献 450 余万册（件），其中，图书 308 余万册（件），古籍线装书 80 余万册（件），报刊 55 余万册（件），视听与缩微制品 20 余万件。数字资源规模增速迅猛，电子图书达 330 余万种。

HN 图书馆是全国古籍重点保护单位，馆藏中不少是稀世的善本、谱、牒、字画、手札等，尤以丰富的地方文献著称；设有综合借阅处、文学艺术图书借阅室、中文报纸期刊借阅室、外文借阅室、中文参考图书借阅室、地方文献阅览室、古籍阅览室、电子阅览室等服务窗口,还相继设立了独具特色的人物资料中心、家谱收藏中心、音像借阅室、盲人图书馆、HN 图书馆少年儿童分馆、老年图书馆、女子图书馆等。本馆实行开架借阅,现设有阅览座位 1 570 余个,开展书刊外借、阅览、参考咨询、文献检索、专题服务、系列讲座、社会教育等多种形式、多种途径的读者服务工作,成为广大读者喜爱的获取知识信息、阅读休闲的理想场所。

目前,图书馆内设历史与参考文献部、专题借阅部(HN 图书馆少年儿童分馆)、数字资源部、典藏保管部、地方文献部(采编部)、综合教育部、公共服务部(合作协调部)、信息服务部、现代技术部、研究所、党委办(监察室、离退休人员管理办公室)、人事教育科、规划财务科、行政科、保卫科、办公室共 16 个部门。截至 2017 年 7 月底在职人员 240 人,在岗在职在编人员 195 人,离退休人员 150 人,长期聘用人员 28 人。

(二)张逸同志基本情况

本次审计仅对张逸同志在 2005 年 2 月至 2017 年 7 月任职期间的经济责任发表意见,并以 2015 年 2 月 1 日会计报表数为报告期初数,以 2017 年 7 月 31 日会计报表数为报告期末数。

二、任期前后的财务状况

2005 年 2 月 1 日,图书馆账面资产合计 5 965.06 万元,负债合计 915.58 万元,净资产合计 5 049.48 万元(其中,事业基金 167.98 万元,非流动资产基金 4 632.40 万元,专用基金 258.53 万元,非财政补助结余 - 9.43 万元)。

2017 年 7 月 31 日,图书馆账面资产合计 21 041.27 万元,负债合计 3 186.41 万元,净资产合计 17 854.86 万元(其中,事业基金 453.55 万元,非流动资产基金 12 531.68 万元,专用基金 258.64 元,财政补助结转 4 682.57 元,非财政补助结余 - 71.58 万元)。

三、任期内的主要经营成果

根据图书馆提供的会计资料,经本次审计调整后,张逸同志 2005 年 2 月 1 日至 2017 年 7 月 31 日任职期间主要经济指标完成情况如下:

(一)收入

2005 年 2 月 1 日至 2017 年 7 月 31 日,图书馆收入共计 47 365.76 万元。其中,财政补助收入 41 690.99 万元,事业收入 2 591.68 万元,其他收入 667.41 万元,经营收入 2 415.68 万元。

(二)支出

2005 年 2 月 1 日至 2017 年 7 月 31 日,图书馆支出共计 42 745.33 万元。其中,基本支出 25 649.17 万元(包括人员基本支出 13 926.65 元,商品及服务支出 5 276.64 万元,离退休费、医疗费、助学金、住房公积金补贴等个人和家庭的补助支出 5 879.87 万元,其他支出 566.01 万元),项目支出 14 656.69 万元,经营支出 2 439.47 万元。

（三）结余

2005 年 2 月 1 日至 2017 年 7 月 31 日,图书馆累计事业结余－13.34 万元,其中,2015 年 2～12 月事业结余 10.68 万元,2017 年 1～7 月事业结余－24.02 万元;图书馆累计财政补助结转结余 4 682.57 万元。

（四）职工收入情况

张逸同志任职期间的职工各期月均工资性收入如表 19-1 所示。

表 19-1　职工各期月均工资性收入

期间	职工人数	在职人数	合同制	职工年均工资	月均工资
2005 年 2～12 月	216	215	1	19 540.26	1 628.35
2006 年	212	211	1	36 271.05	3 022.59
2007 年	212	211	1	37 954.45	3 162.87
2008 年	205	204	1	41 593.32	3 466.11
2009 年	226	209	17	54 898.68	4 574.89
2010 年	230	209	21	48 987.62	4 082.30
2011 年	224	201	23	62 645.35	5 220.45
2012 年	261	231	30	56 975.21	4 747.93
2013 年	253	225	28	58 877.53	4 906.46
2014 年	251	213	38	65 773.68	5 481.14
2015 年	256	221	35	73 608.89	6 134.07
2016 年	247	212	35	87 396.34	7 283.03
2017 年 1～7 月	240	212	28	77 749.84	6 479.15

（五）国有资产保值增值情况

2005 年 2 月 1 日,图书馆的净资产为 5 049.48 万元(含非流动资产基金 4 632.40 万元);2017 年 7 月 31 日,图书馆经审计后的净资产为 17 854.86 万元(含非流动资产基金 12 531.68 万元),除固定基金的增长外,报告期末比报告期初的净资产增加 4 906.11 万元,国有资产保值增值率为 1 176.28%,任职期间实现了国有资产的保值增值。

四、任职内所做的主要工作

张逸同志任职期间主要做了以下几个方面的工作。

（一）深化文化体制改革,强化组织制度建设

（略）

（二）充分发挥行业示范引领作用,推动全省事业发展

（略）

（三）构建多元化的服务体系，满足不同读者需求

（略）

（四）丰富文献资源建设，为读者服务提供文献保障

（略）

（五）加强课题管理，推动科研学术研究

（略）

（六）加强基础设施建设，提升综合保障能力

（略）

五、存在的主要问题及建议

（一）财务收支方面

1. 存在费用入账时原始凭证附件不齐全的情况

（1）部分采购古籍家谱支出凭证后无发票、无收据、无转账支付记录。如 2017 年 3 月第 73 笔业务，报销购古籍家谱款 41 580.00 元，仅附图书馆将款项转给内部职工的财政授权支出凭证、购书汇总单、入库单、下库清单，无发票、收据、对外转账支付凭证。

（2）部分采购未附验收单。如 2017 年 6 月第 108 笔业务，采购图书档案消毒柜 11 000.00 元，后附财政支付凭证、费用报销单、发票、采购申请报告、送货单，未见验收单。

（3）部分招待支出凭证后未附派出单位发出的公函、未见图书馆公务接待审批单。如 2016 年 2 月第 54 笔业务，报销公务接待费 6 049.00 元，仅附财政授权支付凭证、发票，无派出单位发出的公函、未见图书馆公务接待审批单等资料。

建议：单位应健全财务管理制度及稽核制度，严格费用报销程序，加强原始凭证的审核。

2. 存在工会活动在图书馆账面报销的情况

如 2017 年 3 月第 114 笔业务，报销学习活动费 5 105.00 元，后附发票抬头为图书馆工会委员会。

建议：应明确单位和工会责任，区分活动归属单位，开具合规的发票。

3. 存在图书馆账面核算混乱情况

HN 图书馆学会（以下简称学会）的资料费、发行费等收入和稿酬、印刷费等支出，图书馆、学会共同主办《HN 图书馆》杂志，该学会主要人员为图书馆重要领导成员。学会相关收入支出业务计入图书馆账面的其他应付款、事业收入、事业支出，未在账面对学会相关的事项进行单独核算；图书馆于 2013 年用其收到的杂志发行费发放图书馆 2013 年第 13 个月工资 159 668.63 元、冲减 2013 年事业支出 213 036.45 元、2017 年向图书馆学会支付 400 000.00 元活动经费。2016 年 11 月 28 日，学会会议决定将杂志收支费用转由学会管理。

建议：单位应以设置核算项目或以备查簿的形式对非本单位业务进行单独核算，使会

计信息清晰明了,便于会计信息使用者理解和使用。

4. 存在图书馆工作人员工资发放混乱情况

2005—2009 年,将财政转拨的停薪留职人员的工资及其他应在工资中扣除的惩罚金,用于发放在职人员工资或福利。

建议:单位应及时向财政申报停薪留职人员情况以便财政部门及时停发工资,收到财政转拨的停薪留职人员工资应当及时上缴财政。

(二)会计核算方面

1. 存在收入在其他应付款中挂账未确认事业收入的情况

如 2015 年收到 HN 省文物局拨入的文物普查费 500 000.00 元计入其他应付款——文物普查补助经费,截至 2017 年 7 月 31 日该明细余额为 499 460.00 元。

建议:单位应严格按照收付实现制原则进行会计核算,保证每笔收支款项都能及时、准确入账。

2. 存在固定资产的入账价值与合同金额不一致的情况

如 2015 年 4 月第 12 笔业务,购入书架计入固定资产账面原值为 180 220.00 元,采购合同金额为 189 700.00 元,剩余质保金 9 480.00 元未计入固定资产账面原值。

建议:在记账之前应有稽核人员对会计凭证进行严格的审核,保证会计信息质量。

(三)内部控制制度方面

图书馆的单身宿舍楼、单身宿舍旁一排平房(共 10 间)、传达室和 24 小时自助图书馆无房屋产权证。

建议:及时办理房屋产权证,避免产权风险。

(四)税务方面

长文文化用品有限公司(以下简称文化公司)和长文餐饮管理有限公司(以下简称餐饮公司)系图书馆于 2013 年出资设立的,据管理协议约定,上述两家公司需根据实际利润计算并上缴管理费给图书馆。

经检查,餐饮公司历年向图书馆上交的管理费计入管理费用,在计算企业所得税时未进行纳税调增。

建议:根据《中华人民共和国企业所得税法实施条例》第四十九条规定,企业之间支付的管理费、企业内营业机构之间支付的租金和特许权使用费,以及非银行企业内营业机构之间支付的利息,不得税前扣除。

六、审计评价

张逸同志 2005 年 2 月 1 日至 2017 年 7 月 31 日担任 HN 图书馆法人代表期间,在 HN 省文化厅的正确领导下,在班子成员的积极配合下,带领广大干部职工,坚持和贯彻科学发展观,大胆创新,锐意进取,实现了管理提质、效率提升、发展提速、素质提高的目标;始终抓好公共文化服务工作,构建多元化的服务体系,丰富文献资源建设,公共文化服务水平和服务能力逐步提高;广泛开展合作协调工作,充分发挥行业示范引领作用,助推文化共享工程建设;重视古籍开发,加强古籍保护和利用;加强课题管理,完善科研激励机制,推动科研学术研究,学术成果丰硕;加强基础硬件设施更新改造,提升综合保障力。抓好党务精心管理,提升了工作执行力度;成功实现了国有资产的保值、增值;职工收入也保持在较稳定的水平;有力促进了各项工作的有序开展;在任期内认真地履行了各项工作职责,较好地完成了上级部门下达的目标任务。在肯定成绩的同时,单位也存在部分财务核算不规范,部分内部控制制度不健全或执行不严等方面的一些不足之处。

信合会计师事务所(特殊普通合伙)　　　　　中国注册会计师:蔡××、肖××

中国长沙　　　　　　　　　　　　　　　　　　　　　2017 年 12 月 8 日

五、延伸思考

(1) 什么是内部审计外包?

(2) 如何控制外包的审计质量?

案例二十　会计师事务所审计质量控制

一、案例分析目标

会计师事务所质量控制是为了保证审计、审阅、其他鉴证和服务质量符合相关准则的要求,控制审计风险、防范审计失败。为此,会计师事务所应该针对业务质量承担的领导责任、相关职业道德要求、客户关系,具体业务的接受与保持、人力资源、业务执行和监控等要素制定合理可行的政策和程序。

通过本案例分析,读者应了解固定会计师事务所质量控制的主要工作内容和侧重点,熟悉控制制度与环节,能够参与项目质量控制复核。

二、案例分析中涉及的主要审计准则

(1)《中国注册会计师审计准则第 1101 号——注册会计师的总体目标和审计工作的基本要求》。

(2)《中国注册会计师审计准则第 1121 号——对财务报表审计实施的质量控制》。

(3)《会计师事务所质量控制准则第 5101 号——业务质量管理》(修订)。

三、案例分析提示

会计师事务所质量控制工作中应重点关注以下几个方面:

(1)明确质量控制要素,制定全面质量控制政策和程序。

(2)明确会计师事务所和项目合伙人的监督责任和复核责任,要求对所有上市实体财务报表审计实施项目质量控制复核。

(3)会计师事务所应当对每项业务委派至少一名项目合伙人,清楚界定其职责,并将项目合伙人的身份和作用告知客户管理层和治理层的关键成员。

(4)项目质量控制复核人员对项目组作出的重大判断和在编制报告时得出的结论进行客观评价,就重大事项与项目合伙人进行讨论,复核财务报表或其他业务对象信息及拟出具的报告,复核与项目组作出重大判断和得出的结论相关的业务工作底稿,评价在编制报告时得出的结论,并考虑拟出具报告的恰当性。

(5) 明确标准,据此评价所有其他历史财务信息审计和审阅、其他鉴证和相关服务业务,以确定是否应当实施项目质量控制复核。

(6) 监控过程应当包括:持续考虑和评价会计师事务所质量控制制度;要求委派一个或多个合伙人,或会计师事务所内部具有足够、适当的经验和权限的其他人员负责监控过程;要求执行业务或实施项目质量控制复核的人员不参与该项业务的检查工作。

(7) 持续考虑和评价会计师事务所质量控制制度,周期性选取已完成的业务进行检查,周期最长不得超过 3 年;在每个周期内,对每个项目合伙人至少检查一项已完成的业务。

四、案例资料
【资料 20-1】

Z会计师事务所质量控制流程

2021 年 5 月 26 日　第二版

(1) 标书签章流程(客户报备),如图 20-1 所示。

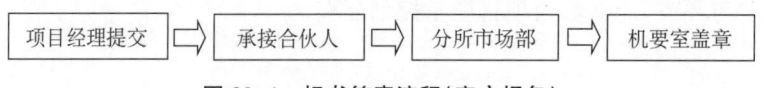

图 20-1　标书签章流程(客户报备)

(2) 客户新建流程,如图 20-2 所示。

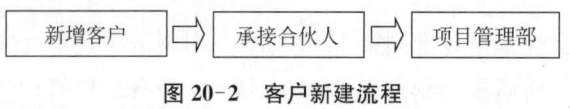

图 20-2　客户新建流程

(3) 初步业务活动底稿(项目承接)审批流程,如图 20-3 所示。

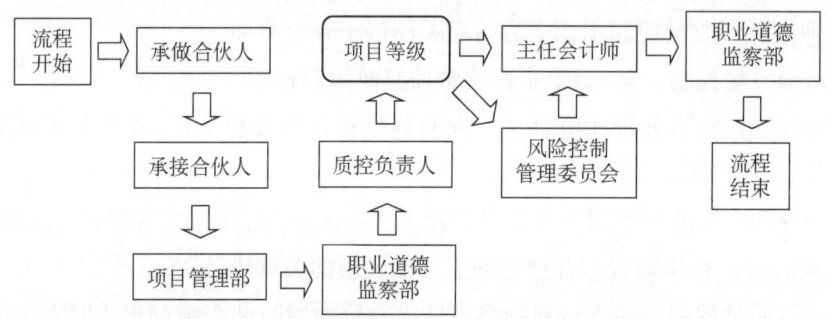

图 20-3　初步业务活动底稿(项目承接)审批流程

（4）报告复核流程,如图 20-4 所示。

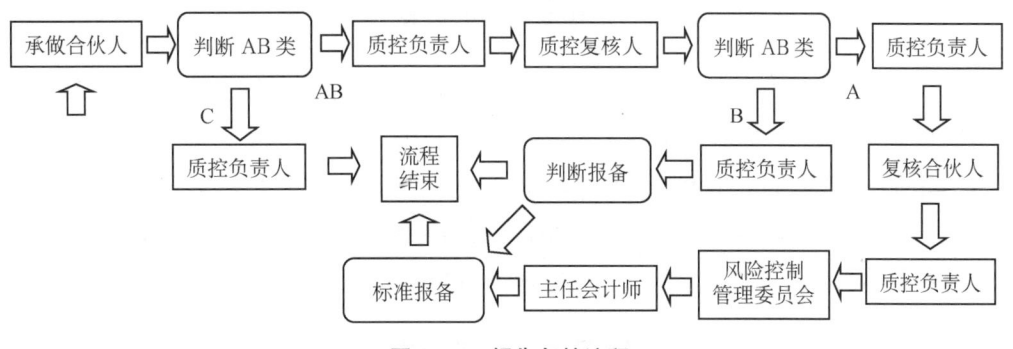

图 20-4　报告复核流程

（5）项目约定书审批流程,如图 20-5 所示。

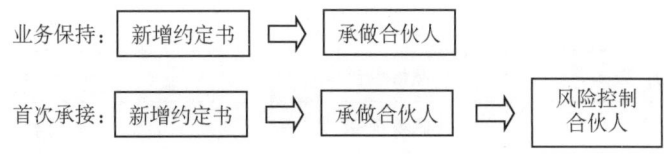

图 20-5　项目约定书审批流程

（6）报告申请修改流程,如图 20-6 所示。

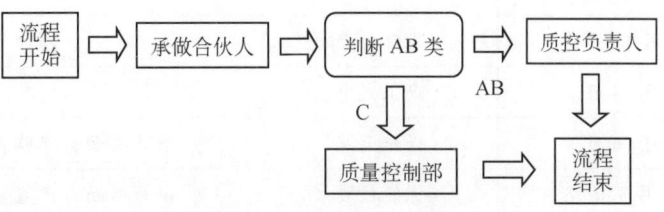

图 20-6　报告申请修改流程

（7）报告签章审批流程,如图 20-7 所示。

图 20-7　报告签章审批流程

（8）项目归档审批流程,如图 20-8 所示。

图 20-8　项目归档审批流程

【资料 20-2】

瑞华所审计失败案

2013 年 4 月,瑞华会计师事务所(特殊普通合伙,以下简称瑞华所)由原国富浩华和原中瑞岳华合并成立,总部设在北京,在全国各地设有 40 多家分所。截至 2019 年 1 月,瑞华所有审计人员 9 000 余名,其中,注册会计师 2 500 余名、合伙人 360 余名、领军人才 20 余名,专业人才资源丰富。近几年来,随着业务发展,瑞华所连续受罚,其忽视审计质量控制的弊端已经显现出来。瑞华所近几年的被罚事项如表 20-1 所示。

表 20-1 瑞华所被罚事项

时间	被审单位	处罚方式
2016 年 6 月 16 日	绿地控股	暂停相关业务 1 年
2016 年 7 月 28 日	芯能科技	警示
2016 年 11 月 29 日	海格物流	警示
2016 年 12 月 6 日	键桥通讯	罚款
2017 年 1 月 6 日	亚太实业	罚款
2017 年 2 月 21 日	两次接连受罚	暂停承接新的证券业务 2 个月
2017 年 3 月 1 日	北京瑞星	处罚警告
2017 年 3 月 13 日	振隆特产	罚款
2017 年 3 月 14 日	勤上光电	罚款
2017 年 3 月 16 日	世纪天鸿	出具书面自律监管措施报告
2017 年 8 月 3 日	优能控股	出具书面自律监管措施报告
2017 年 9 月 1 日	天际数字	警示
2018 年 12 月 29 日	华泽钴镍	罚款
2021 年 4 月 12 日	千山药机	罚款
2021 年 9 月 12 日	索菱服份	罚款

1. 同一财务信息披露不一致

这些事件中,上海云峰(集团)有限公司(简称云峰集团)以及绿地控股集团股份有限公司(简称绿地控股)的处罚原因令人瞠目结舌。调查人员在调查云峰集团债券违约事件时,将其前任股东绿地控股也纳入了调查范围。瑞华所为绿地控股前期借壳上市和后面发行票据的财务报表进行审计,两次发布审计报告 2013 年净利润的金额分别是 1.76 亿元和 -4.9 亿元,两者披露不一致且存在巨大差异。这一事件发生后,各大媒体及监管机构都开始质疑瑞华所没有勤勉尽责,并且要求瑞华所拿出审计底稿配合调查。然而瑞华所以不与云峰集团存在交易关系、其审计数据均来自立信会计师事务所对云峰集团的审计报告为由,拒绝配合相关机构的调查。但后来瑞华所的态度又突然改变,承认自己在审计过程中存在过失。

2. 接连两次审计失当遭到证监会重罚

瑞华所 2016 年 12 月和 2017 年 1 月连续两次受到证监会处罚。2016 年 12 月 6 日,瑞华所受罚是因其前身,原国富浩华在审计深圳键桥通讯技术股份有限公司(简称键桥通讯)时没有对收入确认存在的舞弊风险进行确认和评估,且没有实施相应的函证及实质性程序,导致键桥通讯在 2009—2012 年的财务报告中持续存在财务造假问题,虚增收入 3 300 多万。2017 年 1 月 6 日,瑞华所再次受到处罚,而这次受到处罚的原因令人诧异,瑞华对海南亚太实业发展股份有限公司(简称亚太实业)连续 5 年存在问题的财务报告均出具了无保留意见。2017 年 2 月 21 日,财政部要求瑞华所在收到第二次处罚之日起,暂停承接新的证券业务两个月,并上交书面自查报告。

3. 华泽钴镍造假案

华泽钴镍,原为成都泰康化纤股份有限公司,于 1997 年 2 月在深圳证券交易所上市;1999 年 5 月 24 日,该公司更名为成都聚友泰康股份有限公司;ST 聚友在 2004—2006 年经营业绩持续低迷,连续 3 年亏损之后选择了资产重组。2011 年,康博恒智完成了对 ST 聚友的收购。2013 年,成都华泽钴镍材料股份有限公司(简称华泽钴镍)完成了对该公司的注入。2013—2014 年,华泽钴镍的经营情况较好,营业收入同比增长了 249.17% 和 89.61%,ST 聚友便更名为华泽钴镍重新上市。然而从 2015 年开始,其营业收入增长比竟然只有 5.7%,归属于股东的净利润大大减少;到 2016 年,该公司业绩再次下滑,营业收入同比下降 75.83%,归属股东的损失就达到了 4 亿元。华泽钴镍主要通过关联方企业账户转移资金,搜集虚假票据进行虚假关联方交易。

4. 其他处罚事件及影响

瑞华所因浙江芯能光伏科技有限公司(简称芯能科技)的会计处理不当、深圳市海格物流股份有限公司(简称海格物流)的财务问题、北京瑞星信息技术有限公司(简称北京瑞星)出具数据未审、辽宁股份有限公司(简称振隆特产)虚假财务报告问题、世纪天鸿信息教育科技股份有限公司(简称世纪天鸿)披露不真实、优能控股集团有限公司(简称优能控股)前后表述不一致、向北京天际数字技术股份公司(简称天际数字)出具虚假审计报告等事件受到有关部门的处罚。瑞华所的盲目扩张带来了很大的风险,其客户质量和由于客户风险评估欠缺引发的一系列罚款,给瑞华所的声誉造成了巨大的损害。仅 2017 年就有 90 多家客户宣布解约,其原本在新三板市场上的地位也被立信所取代。除此之外,瑞华所内部也出了问题,3 名合伙人及其下属 100 多名执业人员宣布离职。2019 年 7 月 8 日,因涉及康得新百亿造假案,证监会对瑞华所正式立案调查。2021 年,又因对千山药机和索菱股份出具虚假审计报告,被证监会处以高额罚款。

五、延伸思考

(1) 会计师事务所治理结构包括哪些方面？

(2) 会计师事务所规模和审计市场结构与审计质量有直接关系吗？

(3) 会计师事务所总部如何实施对分所的质量控制？

(4) 会计师事务所可以从哪些方面完善复核制度？

(5) 会计师事务所合并可能存在哪些文化整合上的困难？

(6) 长任期是否影响会计师事务所的独立性并进一步影响审计质量？